絶版新書交響楽

新書で世界の名作を読む

近藤健児
KENJI Kondoh

青弓社

絶版新書交響楽——新書で世界の名作を読む

目次

第4章＊英米名作ライブラリー（英宝社）

第5章＊白水Uブックス（白水社）

第6章＊マイナー新書の名作群

装丁――和田悠里

凡例

［1］本書で取り上げている本には、狭義の絶版に該当せず、「版元品切れ」とされるものも含んでいる。後者の本は今後重版（増刷）される可能性があるが、新刊書があふれる現状ではそれは限りなく低いし、読者にとって新刊書店で買えないという点では同じだからである。

［2］参考文献は適宜本文中に明記した。

［3］対象書籍の著者は、人名の原語（非アルファベット圏の作家については英語表記）と生没年を明記した。

［4］対象書籍以外の著者名は姓名で表記したが、出版社名や刊行年は必要に応じて記すことを基本にするものの、カタログ紹介などで膨大かつ煩雑になる場合は省略した。

［5］映画俳優などの人名も姓名で表記した。

［6］著者名、書名、出版社名と引用文は、いくつかの例外を除いて、旧漢字を新漢字に改めた。なお、仮名遣いは原文ままとした。

はじめに

「新書で世界の名作を読む？　文庫や世界文学全集ならわかるが、新書はホットな話題の要点を一般向けに解説した教養書では？」。本書の書名を見た大多数の方から、こんな疑問が寄せられることだろう。さあ、ぜひ目次を見ていただきたい。いまでは忘れられた世界の名作が、かつて新書で書店に並んでいた。親本の単行本もなく、文庫化もされなかった作品が大半である。

新書の歩みを簡単に振り返ろう。ハンディーで軽装なため携帯に便利で廉価という点で文庫と新書は双璧だが、一世紀近くに及ぶ両者の歩みは微妙に交錯している。広く知られているように、一九三八年十一月の岩波新書（岩波書店）創刊が新書の始まりである。五四年に第一次新書ブームが起こり、二年間で二十数種の、内容も多種多様な新書が刊行された。文庫と新書の色分けが最も鮮明だったのは、六〇年から七〇年ごろと思われる。この時期に文庫は岩波書店、新潮社、角川書店の各社を中心に名著・名作路線を続けていたのに対して、新書からはそれらのジャンルが姿を消し、ノンフィクション系の教養新書や実用新書、そしてフィクション系のノベルズ新書などに専門化していった。

教養新書とは研究者による専門分野の一般向け概説書であり、岩波新書、中公新書（中央公論社）、講談社現代新書（講談社）のいわゆる御三家の書籍の大半がこれにあたる。一九五四年刊行開始のカッパ・ブックス（光文社）に代表される実用新書は園芸や健康法、冠婚葬祭の作法、英語習得法やパズルなどをコンパクトに解説したもので、近年相次いだ各社の参入で雑誌化したともいわれる安直なハウツー物や啓発本の新書も広義にはここに含まれる。五九年創刊のカッパ・ノベルス（光文社）に代表されるノベルズ新書は、主として流行作家による時代小説、娯楽小説、風俗小説、ミステリー、サスペンスなどを網羅的に集めて刊行するのが特徴である。やがて七〇年代以降、文庫でも各社が映画の原作やノベライズ、流行作家の書き下ろし作品、雑学物、さらには写真集まで、売れるなら何でも出すようになると、新書との住み分け領域が曖昧化することになった。

文庫にせよ新書にせよ、本のコンテンツは時代を経て陳腐化する。扱った時事問題が遠い過去のものになるか、依拠した情報が古く科学技術の進歩に置き去りにされるかした教養新書には、史料的な価値だけしか残らない。たとえ不朽の名著でも訳文、翻刻、解説が古ければ、読みやすい新版に取って代わられる。それでも文庫には、これしか翻訳がないなど文献的に貴重なものがあり、絶版になった本を探し求める人の需要に支えられて古書価格がそれなりにつく場合が結構ある。しかし新書、特にエンターテインメント性が高いノベルズ新書や実用新書は読み捨てで、今日あえて読む価値がないと考える人がほとんどだろう。しかし、これは例外なしに正しいとはいえない。

新書の領域が固まる以前、第一次新書ブームの際には、いろいろな理由で新書でも内外の文芸作品や硬派な学術的著作が刊行されていた。それらのなかには、今日に至るまで類書のないものが少なくない。特に翻訳文学では忘れられるには惜しい名品が多々ある。しかし単行本や文庫ではなく新書で世に出たことで、結果的に粗略に扱われ、部数的には相当数出たはずのものも多くは廃棄されたと思われる。一方、その価値があまり注目されなかったことで、絶版新書は総じてプレミア価格からは縁遠いままなのは、読者としては歓迎すべきことである。また一九八三年の白水Uブックス（白水社）の創刊で、新書判世界文学に新たな可能性が切り開かれたことは記憶に新しいが、その白水Uブックスでも現在は残念ながら初期の刊本を中心に絶版・品切れが散見され、それらの多くが名著・名作だけに残念至極なことである。

本書は、以下のように構成している。第1章では岩波新書の中国文学を取り上げる。第2章では大日本雄弁会講談社のミリオン・ブックス、第3章では河出新書文芸篇（河出書房）をそれぞれ紹介する。この二つが、第一次新書ブーム下での世界文学の最大の刊行元であった。第4章では、語学系出版社という強みを生かして英米文学の貴重な短篇作品を刊行していた英宝社の英米名作ライブラリーを取り上げる。第5章では白水Uブックス（白水社）の絶版（版元品切れ）本、第6章ではそのほかのマイナーな新書群から厳選した名品を紹介する。

ここでちょっとした注意事項を。はじめに、本書の紹介には作品の梗概を書いている。例えば『風と共に去りぬ』や『ロミオとジュリエット』を手に取る読者がどんなストーリーか全く知らないことはありえないが、それでも名作は新たな発見と感動をもたらしてくれることからも、（ミステリーならいざ知らずだが）ネタバレによるデメリットは大きくなく、むしろ梗概を知ることで面白そうだから読んでみたくなるというメリットのほうが大きいと判断したからである。もう一つ、本書であえて取り上げなかった新書サイズの本に、冨山房百科文庫（冨山房）と世界文庫（弘文堂）

がある。いずれも同一シリーズながら時期によって文庫サイズも刊行したので、名称どおり文庫本の範疇に入れるほうがふさわしいと考えるからである。拙著『絶版文庫交響楽』（青弓社、一九九九年）などでも、この二つは文庫とみなして紹介対象に加えている。

最後になったが、今回も青弓社の矢野恵二さんには大変にお世話になった。氏のアドバイスと励ましがなければ、『絶版文庫交響楽』以来二十二年ぶりになる単著の書誌・読書エッセーを書き上げることは難しかっただろう。心からお礼を申し上げたい。

この二十年余り、探してきたつもりだが、新書で出た翻訳文学について網羅的に調査・紹介した本やインターネットのウェブサイトは、寡聞にして見いだせなかった。新書でもこんなにすばらしい本が読めたという事実を掘り起こすことが、読者と情報共有するきっかけになり、同好の士と感動を分かち合える機会となればうれしい。これらの本だって、どこかの古書店の均一台で埃をかぶりながら新しい読者を待っているかもしれない。図書館の閉架書庫で長らく忘れられて眠り続けてもいるだろう。発掘を始めてみよう。一冊一冊それぞれが与えてくれる感動は、やがて心のなかで大いなるハーモニーになり、交響楽の妙なる響きとなることだろう。

ようこそ、「絶版新書、世界の名作」の世界へ。

第1章

＊

岩波新書（岩波書店）の中国文学

一九三八年創刊の岩波新書は老舗中の老舗であり、八十周年を記念した『岩波新書解説総目録――1938-2019』（岩波新書編集部編、岩波書店、二〇二〇年）には約三千四百点が掲載されていて壮観である。ざっと見るだけで、時事問題概説書や学術入門書だけでなく、初期のころには文学作品も刊行していたことを知ることができる。戦前の赤版には小堀杏奴編『森鷗外 妻への手紙』（岩波文庫、一九三八年）、里見弴『荊棘の冠』（一九三八年）、山本有三『瘤』（一九三八年）、久保田万太郎『春泥・花冷え』（一九三八年、のち岩波文庫、一九五二年）といった書名が見える。そして戦後の青版では日本文学は影を潜め、現代中国文学を取り上げている。ここでは、のちに岩波文庫に入った『魯迅評論集』（竹内好訳、一九五三年）や郭沫若『歴史小品』（平岡武夫訳、一九五〇年）を除いた五点を紹介したい。

李広田『引力』

岡崎俊夫訳、一九五二年

第１章で取り上げる岩波新書の中国文学シリーズ五冊のなかで、最初に刊行された本書にだけは小説という断り書きがない。書名だけ見て物理学の本と勘違いして購入した人からの苦情でもあったのだろうか。『岩波新書解説総目録』では『小説 引力』となっているので、もしかすると重版の際には表記を変更したのかもしれない。

李広田（一九〇六―六八）については以下の情報ぐらいしか調べられなかった。山東省の出身で、はじめは象徴派の詩人として出発し、抗日戦争中は解放区を奥地へと移動し、昆明の西南聯合大学で教鞭をとった。戦後は北京の清華大学で青年学生指導の責任者の任にあたったが、文化大革命で批判を受け自殺したとされている。

小説『引力』は、老舎の『四世同堂』と並び称される抵抗文学である。前半は占領下の済南での日本軍の横暴さ残虐さがこれでもかと描かれる一方で、精神的な抵抗を続ける女教師・夢華が、学校を管理して睨みを利かす日本人と、彼女を慕う純粋に愛国的な教え子の少女たちとの板挟みに苦悩する姿を描いている。後半に入ると、いよいよ身の危険を感じた夢華がついに夫が待つ後方（国民軍占領地）の成都へと脱出を試み、幼子を連れての想像を絶する苦難の旅路が展開される。「引力」とは、被占領区から後方へと夢華や夫の孟堅らを引き付ける、見えない正義の力を指すと思われる。

多彩な登場人物を配し、多面的な視点と切り口で占領下北京の胡同を中心とした小世界を描ききった重厚長大な『四世同堂』とは対照的に、岩波新書一冊の分量の本書は、一貫して夢華の視点からつづられている。それでも何人かの登場人物の生きざまは印象に残るもので、特に荘荷卿のエピソードは痛々しい。日本軍占領地で生きることは信念が許さず、後方に移っていた荘は、残してきた婚約者が忘れられずに済南にあえて戻る。ところが女のほうが待ちきれずに日本人と結婚していたことを知る。諦めきれない彼は身の安全のため日本統治政府の役人に身をやつし、各地を移動する夫婦を追いかけて近くにい続けようとする。しかし、ついに妻に配慮していた日本人が寛大さを捨てるときがきてしまうのだった。

夢華が勤めた学校の校長の中国人も善人として描かれ、荘荷卿とともに後方を去った米紹棠のような典型的な漢奸も出てくるには出てくるが、どちらかといえば軽蔑の対象として簡単に扱われていて、善良な民衆を苦しめる悪党としては登場しない点も『四世同堂』とは違うところだ。老舎は日本人の残虐さだけでなく、それを甘受して利用しようとする中国人の卑屈さにも徹底的に鋭く切り込んでいるが、李は後者には目を背け、前者だけを強調しているきらいがある。紙幅の制約もあるだろうが、戦後中国の一般大衆からの受けを意識していた面もあったのだろう。

最後にどうでもいいことだが、日本軍占領地と国民軍占領地との境界を越える際に検問があるのは当然だが、中国人なのに前者を出るときよりも後者に入るときのほうが、スパイを警戒して厳しい検閲が課されるのは意外だった。「入り鉄砲に出女」という発想は、中国では勝手が違うようだ。

趙樹理『結婚登記――他四篇 小説』

小野忍訳、一九五三年

寡作ながら、わかりやすい言葉で、わかりやすい内容の本を書いた人である。同時期に老舎が抗日戦争を背景とした舌鋒鋭い風刺的な作品を書いたのに対して、趙樹理（一九〇六―七〇）は封建的で旧弊な農村の旧世代と、個人の自主自由を尊重する新世代とを対比させ、共産党下での中国の新しい価値観の勝利を誰にでもわかるように率直に表現している。文学的香気の不足云々を問題にすることはできるだろうが、当時中国の一般大衆が必要とした啓蒙的な文学とは、まさしくこのようなものだったのではないだろうか。ただし収録している作品の出来にムラがあって、すべてが秀作とは思えないのも事実であり、例えば最後の二編の代わりに、『趙樹理作品集』（小峰王親訳〔青木文庫、新中国文学選集〕、青木書店、一九五五年）のように「李有才板話」を入れるという選択肢は

趙樹理『結婚登記――他四篇 小説』

なかったのだろうか。

以下、簡単に紹介する。収録しているのは五編。表題作の原題は「登記」で、二組の恋人同士が結婚しようとするが、封建的農村の価値観がじゃまをする。親に子の結婚相手を決める権限があり、子は服従を強制される。結婚登記には村公所の民事主任の紹介状が必要だが、保守的な役人は若者同士の恋愛結婚は「評判が悪い」と考え認めようとしない。しかし、人民中国の下で新しい婚姻法（一九五〇年）ができると役人たちは態度を変えざるをえなくなり、めでたい幕切れとなる。民話風の語り口、羅漢銭という小道具の使い方など、大衆を引き付ける工夫が随所に見られる名品である。

「家宝」は嫁姑問題、婦人解放問題を扱っている。世代的に旧守的な姑は、嫁に絶対的権力をふるうのが当たり前と思い、針仕事ができること、基本的に自給自足することに価値観を置く。一方で利発で進歩的な嫁の金桂は、互助組や合作社の会議に出るのに忙しく、経済的効率を考えれば既製品の購入のほうが優れていることを理解している。小説では客観的立場の婿（金桂の義理の弟）から諭されて、自分の支配権に拘泥しようとする姑が負けを認めざるをえなくなるまでを描いている。頑迷な姑の面目を完膚なきまでにつぶすことはしておらず、読後感も悪くない。

「小二黒の結婚」は「結婚登記」と類似の主題を扱っている双子作である。こちらの短篇では、小二黒の父親、二諸葛のインチキ占いぶりと、恋人の小芹の母親・三仙姑の老醜な好色ぶりが、愚昧・滑稽の極みで全く痛々しく強烈な印象だ。新中国成立以前の一九四三年の作で共産党による解放という形はとってはいないが、村を横暴に支配していた悪人たちを、勇気をもって告発する民衆の姿を描いている。

「土地」は、収穫は土地ではなく投下労働によって得られるとする、古典派からマルクス主義に至る経済学の基本理念を語った作品。わかりやすさを心がけているように思うが、一応経済学で飯を食っている人間として、成功しているかと問われたら、正直微妙と答えるしかない。

「孟祥英の覚醒」も嫁姑問題を扱った英雄伝。その関係はいっそう陰惨で泥沼である。しぶとく陰湿な姑は一向に屈服しないし、字数制約でもあったのか嫁の勝利も高らかなものとして描かれていないから、読後感は芳しくない。

老舎『東海巴山集――小説』

千田九一訳、一九五三年

『老舎小説全集』（全十巻、学習研究社、一九八一―八三年）は全集といっても長篇小説主体の編成で、短篇は第六巻に自選集が入っているだけだが、一九四六年に刊行された短篇集『東海巴山集』からは一編も採られておらず、抗日戦争を背景として鋭い風刺に満ちあふれたこれらの作品群が、後年の著者に必ずしも好かれていなかったことがうかがい知れる。ちなみに本書は全十二編からなるオリジナルの短篇小説集の完訳ではなく、五編を選んだものである。

老舎『東海巴山集——小説』

「犬を殺す」は、敵の侵略行為に断固対抗しようと口では立派なことを言うが、勇気が足りずに腰砕けとなる学生たちと、世代間ギャップで日頃親しく交われない旧世代に属する父親が豪胆に敵に向かう姿とが対比されている。

「みれん」は、骨董にのめり込んだ知識人が、自ら掘り出した至宝の石谿《せっけい》の絵画を守るために日本軍に攻め込まれる街から脱出できず、ついには絵を守って日本軍に協力するか死かを迫られる。彼の苦渋の選択は、一切のプライドを捨てて前者の道を選ぶというもので、コレクターの救いようがない物欲のすさまじさが批判の目で描かれている。

「豚の肝」は、避難民あふれる武漢で、根拠なき孤高の立場を貫いて何もしない高慢な知識人と、看護兵として救国のために献身的に働くかつての愛人を対比し、前者を徹底的に風刺・糾弾している。

「問題にならぬ問題」は本書で最も長い作品で、戦時中の重慶近郊の農場を舞台に、悪玉の主任によって全体に蔓延していく道徳的堕落と人心の退廃を描いている。後半に、理想と改革を掲げて新主任として送り込まれた学者が登場するが、旧主任の悪知恵と安易さを志向する怠惰な大衆の愚かさの前に敗北していく。人間の弱さに対する風刺は実に鋭く、侵略する日本軍の前に苦戦を強いられる羽目に陥った当時の中国民衆の、性根の部分の弱点を浮き彫りにしている。

「木の人形」は愛国的な大人のための童話であり、異色作。体力に勝る弟の木の人形は従軍して日本軍の航空機に奇襲をかけて成功し英雄となり、知力に勝る兄の布の人形は勉強して博士になり、国を救うのに役立とうと決心する。

抗日戦争下という時期的にも、愛国的な立場から中国人民に寛容さが期待される向きもあったかもしれないが、さすがに老舎の筆は甘くない。それが今日でもこの小説群を古びさせない理由と思われる。

巴金『憩園——小説』

岡崎俊夫訳、一九五三年

帰郷し、旧友・姚国棟の邸宅・憩園に居候することになった作家の黎誦詩。そこで暮らすうちに、彼は二人の人物の苦悩を知る。一人は姚夫人の万昭華である。彼女は後妻だが、ほほ笑みを絶やさず、まなざし優しい落ち着いた賢婦で、夫婦は愛し合い生活も豊かで満たされていた。しかし富裕な先妻の実家の趙家で博打遊びばかりをして学業を怠け、十四歳になるのに字もろくに覚えない先妻の子・虎坊のことには心痛している。父の姚国棟も先妻の母に頭が上がらず、事態を正視せずに息子がぐれていくのに任せていて、いくら注意しても聞く耳を持たないため、姚夫人には無力感しか残らない。もう一人は楊家の次男・寒である。実は憩園は没落した楊氏から使用人もろとも姚氏が買い取ったものだった。当主だった楊夢痴は社会的生活力がなく、財産を切り売りして使い果たし、先祖伝来の屋敷を売る羽目になっても妾囲いをやめられず、ついには彼を憎み見放した妻と長男から家を追い出されてしまった。しかし寒だけは寺の土間で寝泊まりする父を慕って見舞っていたが、迷惑をかけたくないと思った父が姿を消すと、親切にしてくれた黎誦詩と姚夫人に事情を打ち明ける。黎誦詩は何とか解決できないかと尽力するが、全く意外な悲しい形でこれらの難問は決着することになる……。

姚家にせよ楊家にせよ、まさに不幸の形は家庭でそれぞれみな異なっている。そのなかにあって、ひたすらに無私の愛を父に注ぎ続ける寒や、壊れかけている家庭をよくしようと心を砕く姚夫人など、心魂の美しい登場人物には心打たれるものがある。黎誦詩の執筆中の小説について、「人の世にもう少し暖か味を添え、涙の溢れた眼を拭いて、人々を歓び笑わして」ほしいと、同情と憐憫をもって姚夫人が懇願する場面があるが、この『憩園』は悲劇的な内容を扱いながらも、そこには絶望ではなく慰めがあり、よりよい未来への希望を感じさせてくれるという点で、まさにその願いをかなえている人間愛がある作品だと思う。「訳者解説」によると、同時代の作家・李広田が、巴金（一九〇四―二〇〇五）の最高作として『家』（上・下、飯塚朗訳〔岩波文庫〕、岩波書店、一九五六年）や『寒い夜』（立間祥介訳〔岩波文庫〕、岩波書店、二〇一六年）ではなく、本書を推しているそうだが、全面的に同意である。河出書房新社から奥平卓訳（『現代中国文学』第四巻、一九七〇年）、集英社から立間祥介訳（『中国・アジア・アフリカ』〔集英社ギャラリー「世界の文学」第二十巻〕、一九九一年）も出たとはいえ、このまま忘れられるのは惜しい名品であり、いまからでも岩波文庫に収録して長く読み継がれることを期待したい。

ちなみに、巴金にはもう一つ新書本がある。『ワルシャワの平和祭』（黎波訳〔創元新書〕、創元社、一九五三年）がそれで、第二回世界平和大会に中国代表として出席するためにポーランドを訪れた際の体験談である。

駱賓基『北望園の春——他五篇 小説』

小野忍／飯塚朗訳、一九五五年

駱賓基（一九一七—九四）は吉林省の出身。上海で抗日運動に従事したのち、抗日戦争期には桂林と重慶に移って、短篇集『北望園の春』（一九四七年）に収められている作品を執筆した。本書にはそのなかから四編を抜粋し、中華人民共和国成立以後の作品二編を加えている。ただし後者の「王媽媽」と「正月休暇」は、農業集団化と富農との暗闘をテーマに社会主義の成果を歌い上げるもので、いまとなっては教条的で魅力に乏しい作と思うため、オリジナルの短篇集の完訳を出してくれていればと、いささか残念な気分になる。

最も秀逸と感じたのは表題作の「北望園の春」である。桂林に一週間だけ滞在することになった秦氏は、洋館北望園の敷地内の茅葺きの粗末な家に間借りする。そこには趙人傑という極貧暮らしをしている美術学校の教師が住んでいた。彼はいつか貧乏な飴玉売りの老婆を主題としたライフワークの油絵を描くことを念願としているが、金がないので春になっても破れた冬外套を着て、食べるのにさえ困っている。しかし極端なまでに誇り高く、他人に奢ってもらって飲食することは潔しとせず、強引に連れていかれた料理屋では黙りこくって十分間に一度白菜の切れ端をつまむことしかしない。いよいよ困ってタバコさえ買えないわずかな金額を秦氏に借りたときにも、何度返さなくてもいいと言われても「今夜必ず返す」を繰り返す。大切な画集を売って食いつないできた趙人傑についに給料が支払われた日、彼は初めて卑屈さを捨てて秦氏に心を開き、故郷の農村の話などをして打ち解け合えたかに見えた。しかし結局それは幻で、境遇に差がありすぎる二人の間の見えない壁はそのままだった。桂林を去った秦氏は趙人傑はじめ、それぞれに憂いがある生きざまをしていた北望園の住人たちを懐かしむのだった……。庶民の悲哀への視線の温かみが普遍的な輝きを持つ珠玉作である。

「老女中」の曹嫣児は大資本家・兪一飛の香港にある別荘の女中である。日本軍の侵攻で主人一家は逃げ出し、別荘を守る役目を命じられる。理不尽な主人一家のこれまでの扱いに憤懣がたまっていた彼女は、同じく逃げなかった雇い人の韓東洲が空き巣をはたらくのを傍観する。彼が隠した盗んだ品を山分けにしてもらえることを信じた彼女は、仮住まいに逃げていた主人一家に再会した際に、「もうあなたがた兪家の天下じゃなくなりましたよ」とついに反旗を翻す。しかし盗品は行方不明になり、金が入ったら暇を取る計画は画餅に帰してしまう。

駱賓基『北望園の春——他五篇 小説』

お互いに目を合わすこともなく主人に仕え続けるしか、老いた彼女には道はなくなってしまったのだった……。虐げている者は全く関知していないが、虐げられた者には根深く存在する階級格差への恨みと反抗心が主題になっている佳作である。

「紅いガラスの物語」は、運命に押しつぶされる農民たちの家族愛と絆を切なく描いている。紅いガラスの万華鏡で遊んでいる孫娘の姿を見ていて、王大媽は自分も娘も同じようにそうして遊び、それぞれの夫は砂金掘りに出かけて戻らない事実を思い、三度同じことが繰り返されるだろうという村の女の孤独な運命に愕然とし、急速に衰えて死んでしまう。生活能力を欠いた息子が残され、守ってくれる人を亡くした彼も砂金掘りのために村を去るしかなくなる。

ほかの三編に比べて、「農家の子」は異色である。地主の息子が満州の村で朝鮮族の娘・宝莉に淡い恋心を抱いたある秋の体験を描いていて、著者の自伝的要素が強い作品だ。

第2章

＊

ミリオン・ブックス

（大日本雄弁会講談社）

第一次新書ブームの際に圧倒的なラインナップを誇った、大日本雄弁会講談社のミリオン・ブックスは、日本文学も海外文学も、フィクションだけでなくノンフィクションもと、何でもござれのごった煮が魅力といえば魅力だった。この本で取り上げたもの以外に、翻訳では、著名なシャンソン歌手イヴ・モンタンの自伝『頭にいっぱい太陽を――シャンソン歌手の回想記』(渡辺淳訳、一九五六年)、ウォルター・ロード『大西洋の悲劇――タイタニック号の謎』(佐藤亮一訳、一九五六年)、戦没学生の手紙を集めたジャン・ラルテギ編『戦争と世界の青春――全世界戦歿学徒の手紙』(大塚幸男訳、一九五六年)、サン-テクジュペリ『青春の手紙』(小島直記訳、一九五七年)、二人の若いパリ女性が書いた、ピエール・ショデルロ・ド・ラクロ『危険な関係』の現代版といえるニコル『放たれた雄獅子たち』(川崎竹一訳、一九五六年)、フランスでの売春の実態を暴露したヴァン・デル・メルシュ『自由なき女たち』(大塚幸男訳、一九五六年)などがあった。他方で日本文学は当時の人気作家の作品が幅広く集められていたが、由起しげ子『語らざる人』(一九五五年)、大田洋子『夕凪の街と人と――一九五三年の実態』(一九五五年)、畔柳二美『限りなき困惑』(一九五五年)など、今日では入手困難なものも少なくない。

ジョルジュ・デュアメル

『希望号の人々――原子時代の物語』

田付たつ子／高橋邦太郎訳、一九五六年

印刷業で生計を立てながらフーリエ流の社会主義的共同生活を営んだ芸術家グループであるアベイ派のメンバーの一人として、長大な大河小説『サラヴァンの生涯と冒険』（全五巻、木村太郎訳、白水社、一九四二―五一年）や『パスキエ家の記録』（全十巻、長谷川四郎訳、みすず書房、一九五〇―五二年）の作者として、角川文庫海外文学のなかでも最も高価とされる一冊『阿蘭陀組曲・北方の歌』（尾崎喜八訳〔角川文庫〕、角川書店、一九五三年）の作者として、あるいはエッセー『わが庭の寓話』（尾崎喜八訳、創元社、一九五三年、〔ちくま文庫〕、筑摩書房、一九九八年）や『慰めの音楽』（戸田邦雄訳、創元社、一九五二年、尾崎喜八訳、白水社、一九六三年、一九九九年新版）の著者として、ジョルジュ・デュアメル（Georges Duhamel、一八八四―一九六六）の名前を記憶している読書家は多いことだろう。多作家で、アカデミー・フランセーズの常任書記長まで務めたというのだから、間違いなく大家である。

本書はそのデュアメルによる、子供向けに書かれた近未来ＳＦ小説である。核爆弾の連鎖的誤爆

ジョルジュ・デュアメル『希望号の人々――原子時代の物語』

とそれに誘発された火山群の噴火によって地球の平野の大半が海底に沈んだが、南フランスに住んでいたフロモン一家は希望号と名付けた大型のクルーズ船を持っていたので、異変を感じた直後に遠洋に乗り出して命拾いする。混乱時のことで、一家三世代と庭師夫婦、合わせて大人十人と子供五人が船に積み込んだもののなかには、タイプライターやレコード盤はあっても紙や布地などサバイバル生活での必需品が決定的に不足していた。釣った魚を食べ雨水を飲んで航海していると、無人島を発見する。アリシア島と名付けたその地には、幸いにも泉があった。ヤギを捕らえて乳からチーズを作り、カモメの卵を食べ、食料の残りのジャガイモや庭師が持参した野菜の種を植えて、何とか生活基盤を整える。そのとき、上空に飛行機が現れた。破壊を免れたボリビアからの探索機で、新しく隆起した土地に移住する気があるかを彼らに尋ねてきた……。副題に「原子時代の物語」とあるように、子供にもわかりやすいように、際限がない軍拡が核兵器の危険を増大させる現代世界に警告を発することが本書の主題になっている。フロモン一家がすぐにボリビア政府の誘いに乗らずに態度を保留させた原因は、高山地方にあった耐震設備を持つ研究所でさらなる核研究が継続され、今回の爆発の百倍の威力がある爆弾を製造可能にしているという情報だった。すぐまた愚行が繰り返されるとしたら、この地に当面とどまるほうが、むしろ賢明だからだ。

デュアメルはもちろん本質的にSF作家ではないので、ジュール・ヴェルヌなどと比較すれば紙幅のわりにストーリーが単調で、漂流時も無人島探査時も描写にリアルさを欠いていて、残念ながら作品としての出来にはいささか疑問符が付く。最後の島にとどまる決断に関しても、必要物資を入手するために誰かが島をいったん脱出する方法もあるわけで、論理的・科学的に説得力を欠く。そんなわけで、今日この本をSF的視点から読み直す意味は見いだしにくいかもしれない。だからといって、危機に直面した人々の人間模様に注目しようにも、登場人物たちも優等生すぎてつまらない。せっかく家長エマニュエルの兄ギョームの何でも計算して数値化しようとする滑稽なまでの学者オタク的キャラや、長男フレデリックの嫁ながら最も空気が読めずに映画に行きたいなどと口走るジュヌヴィエヴの愚かな一面など、登場人物のユニークさが描かれているのに、事件も起こさず羽目も外さず不完全燃焼の印象があるのは残念だ。

ジョセフ・ケッセル
『赤い草原』
田辺貞之助訳、一九五六年

二十四歳にして、この背筋も凍る短篇小説群を生み出したジョセフ・ケッセル（Joseph Kessel、

ジョセフ・ケッセル『赤い草原』

一八九八―一九七九)、恐るべし。

訳者は「解説」で語っている。「革命には悲惨はつきものである。しかし、革命のそうした暴力のもとに呻吟する無辜《むこ》の民の苦悩と困窮と流血とを、これほどヴィヴィッドに書いた短篇集があるだろうか」。まさしくそのとおり。同じ国民同士が白赤二軍に分かれて殺し合い、そのうえどちらの軍がやってきても農民は収奪される。飢餓も絶望的な辛苦だが、何より恐ろしいのはチェー・カー（非常委員会）による恐怖政治、日常化した無差別的な投獄と処刑だった。ケッセルは、ロシア人医師を父に持ち、幼児期をロシアで過ごし、第一次世界大戦後には対ソ干渉戦争の一環でシベリアに派遣されたフランス軍司令部に勤務した。目の当たりにした故郷ロシアの惨状に衝撃を受けながらも、七つの小説はいずれもそんな革命直後の混迷紊乱の時代を観察眼鋭く抉り取っている。抑制されたソビエト時代の小説には絶対に見られない、ロシア革命の真実の姿を伝えている。

「彼女は夜ごと夜ごとに権力感が与える陶然たる快感にひたって、眼をなかばとじていた。チェー・カーでの調査員という任務が彼女を喜ばせたのは、それがもたらす生活上の余裕ではなく、居候兼下女として親戚《しんせき》にころがりこんでいた時分の窮屈な生活に復讐《ふくしゅう》ができたからであった。彼女は常に眼を見張り、心を緊張させて、絶えず興奮状態にあったが、その興奮には着実に仕事を進めて行くにつれて、内密の性的な快楽さえ加わってきた。人間的な感情がすっかり姿を消し、人間狩りの貪婪《どんらん》な本能がそれに加わった」。これは「帰って来た子供」でのペラースギーという独身女性についての記述だが、およそすべての権力の本質的な恐ろしさを見事に語っている。その親戚の家の、父親に命じられて手紙を運んだだけの少年の命を執拗に奪おうとすることに何もためらわない冷血さは、ここからきているのだ。

「市場で」は、目を背けたくなるほどに救いがない二つの掌篇からなっている。「塵埃捨て場」は、もはや売るものさえないほどの困窮に陥った老未亡人が、靴さえなく裸足でクリスマスの市をさすらい、野良犬から塵埃箱を奪って食料を漁る話。「古着を売る死刑執行人」では、突然息子をチェー・カーに連行された母親が、屍骸から剝ぎ取った分捕り品を売りにくる死刑執行人の中国人の商品のなかに、まぎれもない息子の緑色のセーターを見いだす。淡々としたケッセルの筆は政治的なメッセージを排しているものの、気の毒な人への哀惜の情が行間からひしひしと感じられる。

短篇集の最後に置かれた二編は、やりきれない状態で解決なく終わるだけに後を引く。「十字架」では、二人の囚人の間の友情を描いている。母と妹を人質に取られ、仲間の秘密を密告するよう迫られているイバネフ。彼はいよいよとなったら自殺できる毒が入った十字架を持っている安心感から、強い心を持ち続けていた。いよいよイバネフが牢を出ていくときがきたが、赦免なのか死刑執行なのかわからない。毒を飲めば、おぞましい死に方をしなくてすむが、早まった行為になるかもしれない。迷った「私」は預かっていた十字架をあえてイバネフに渡さなかった。赦免された「私」は、そのことの是非を自らに問いかけ続けて生きていくことになる。

「地下室第七号」では、チェー・カー側の兵士ステパンが主人公である。金になる死刑執行人の手伝い役を引き受け、念願だった街の女アガーフィアとの一夜を手に入れる。しかしある日、彼が銃殺を執行する地下室にアガーフィアが連れてこられた。嫌悪を込めて「人殺し」と罵る彼女にいったんは激怒するステパンだったが、自らの罪深さに気がつき神に祈る。二人はこの瞬間に初めて心が通うのだった。

本書には中・短篇集『純な心の人々』（一九二七年）のなかの一編「ソグーブ大尉のお茶」も併録している。ある冬の午後、パリの亡命ロシア人老医師夫婦のもとに、どん底まで零落した元白軍大尉ソグーブが訪れる。親切で優しい医師夫人を前に、まるで神に懺悔するかのように過去の堕落を語り始める大尉。夕暮れが静かに迫り、大尉は一切の施しをいただく資格が自分にはないと断り、寒空の下へと立ち去る。立場が違いすぎるロシア人同士の、異郷でのつかの間の出会いと別れ、つつましくささやかな心の交流を抒情的に描いた名品である。

これほどの名作を半世紀以上も忘れ去り、カトリーヌ・ドヌーヴ主演で映画にもなった有閑マダムの不倫小説『昼顔』（堀口大学訳〔新潮文庫〕、新潮社、一九五二年など）が代表作の作家として、わが国にはケッセルを軽く見る向きがあることは全く残念でならない。なお本書は一九五九年に角川文庫で再刊されていることを付言しておく。

ラクルテル
『孤独な女』
平岡昇／河内清訳、一九五六年

少なくともわが国では完全に忘れられてしまっているが、有名なギ・ド・モーパッサン作に勝るとも劣らないもう一つの『女の一生』である。筆者自身もこれまでジャック・ド・ラクルテル（Jacques de Lacretelle、一八八八―一九八五）については、優秀な頭脳を持ちながら迫害に傷つくユダヤ人少年の内面心理を描いた、古風な均整美を持つ佳作『反逆児――シルベルマン』（青柳瑞穂訳〔新潮文庫〕、新潮社、一九五七年）の作者としてだけ認識していたが、本書を読んでこの作家の並々ならぬ実力に驚かされるとともに、『醜女の日記』のシャルル・プルニエや『ポールとヴィルジニー』のベルナルダン・ド・サン・ピエールのような、ほとんど一発屋のように思い込んでいた

ラクルテル『孤独な女』

不明を恥じるに至ったのである。

老いてなお好色がやまない退役少佐の父への嫌悪から、男嫌いになってしまったマリ・ボニファス。寄宿学校を終えて偏狭な田舎《いなか》町ヴェルモンに戻り、裁縫場の運営に関わる。しかし、病に倒れた同僚の孤児クレール・アランディエの看病に仕事をなげうって病的なまでに熱中するあまり、周囲からは同性愛者と疎まれだし、有形無形のいやがらせを受ける羽目になる。クレールの死後は町の誰とも交際せず巣ごもって暮らしていたが、第一次世界大戦でドイツ軍から町を防衛した英雄的行為をきっかけに周囲の評価は逆転し、晩年は英雄として敬愛を受ける立場になる。シンプルなストーリーだが、本書が優れている点はその写実的な心理描写にある。純粋な心を持ちながらも、他人に理解されるための配慮の仕方さえ学ぶ機会がなかった自然児マリにとって、孤独な女になることは不可避だった。精神的に追い詰められ、無実だとわかっていても実際には自分は有罪なのではないかと思い詰めてしまうほどに、マリの苦悩は痛々しい。

原著の刊行は一九二五年で、すでにダダやシュールレアリスムのような新しい潮流の芸術運動が勃興してくる時代になっていた。結果として気の毒なマリを救ったのが外敵というのは皮肉なものだが、悲惨なままで物語を終わらせないところや、同性愛という言葉を一切用いず、伝わるニュアンスだけでストーリーを進めるところなどは、読者にはかなり保守的な印象を与えただろう。巻末の「解説」にあるように、少なくともこの新書判が出たころには、本書がラクルテルの最も成功した作品だったらしい。明快さや爽快さを放棄した、一部の者のための前衛的な芸術が文学史の王道であるかのような時代でも、古くつつましいスタイルの良書が継続して生み出され愛読されてきたようで、個人的にはうれしい発見だった。復刊を望みたい。

ワンダ・ワシレフスカヤ『夜明け』

上・下、原卓也訳、一九五六年

ポーランド出身でソ連に亡命したワンダ・ワシレフスカヤ（Wanda Wasilewska、一九〇五―六四）の代表作といえば何といっても『虹』（一九四二年、袋一平訳〔角川文庫〕、角川書店、一九五二年、原卓也訳〔新潮文庫〕、新潮社、一九五七年、など）。ドイツ軍占領下のポーランドの村で、悲惨な状態に置かれた女たちが不屈の魂で抵抗する姿を描いていて、あまりに凄惨な迫害の連続に目を背けたくなるほどだが、女たちは命を捨てても人間としての誇りと尊厳を守るべく黙秘を貫き続ける。ついに赤軍が来て、女たちも武器を取って立ち上がり、憎いファシストを滅ぼ

ワンダ・ワシレフスカヤ『夜明け』上

す……。スターリン賞の第一席を与えられ、独ソ戦の最中の民衆を鼓舞することに貢献したとして知られている名作である。

本書は一九四六年の作で、一度はドイツ軍に占領されたものの、その後ソ連軍が奪還し戦線がはるか西に去ったウクライナの地方都市を舞台にしている。『虹』と同じく独ソ戦を扱っているとはいえ、勝利目前までこぎつけた達成感が漂っているかと思って読みだすと、予想とは全く違っていた。技師アレクセイと医療従事者のリュドミーラは、戦前には深く愛し理解し合った夫婦だったが、傷病兵として戦場から戻ってきたアレクセイは、数年間の空白を埋められず妻との間に心を通わせることができない。そのほか追いはぎにまで身を落とした脱走兵と敵兵に身を売って零落したその妻、ひたすら食糧をため込むことに執着する守銭奴のような老婆、収賄で蓄財する悪徳商人など、登場する人物は戦争でどこか心に傷を負うなどしてネガティブな生きざまの者ばかり。水漏れするアパートに住み、電気さえない陰鬱な街を右往左往してもがき苦しむ。上・下二巻二段組み四百ページ以上のかなり長い小説は、後半になるとゆっくりとしたテンポでアレクセイ夫婦の雪解けと、新しいアパートの建設や発電所の再建など復興の歩みを描いていく。ついに夫婦はかつての愛を取り戻し、アレクセイが不屈の力で発電所再建をなしとげた夜、くしくも届いた戦勝の知らせに町中が沸き返り、長年消えていた街灯がともったことに誰も気がつかない。しかし疲れた体で、彼は満足して希望に満ちた未来への夜明けを実感するのだった。

『虹』とは異なり戦闘シーンや残忍なシーンがないためだろう、『夜明け』は地味で長い小説とみなされてしまったようで、刊行が古いこともあっていまでは読書好きも研究者もほとんど話題にしない。社会主義の希望と勝利を強調する多くのソビエト文学作品のなかにあって、あたかも敗戦国のような窮乏を経験しなくてはならなかったソ連の困苦の一時期をリアルに描いた本書はやや異色だと思うし、独自の価値があると思うのだが。

カルメン・ラフォレット『ナダ（何でもないの）』

高橋正武訳、一九五六年

スペイン内戦終結からほどない時期、孤児のアンドレアは十八歳になり、大学進学のために期待に胸を膨らませてバルセロナにやってくる。母方の祖母の家に住むことになるが、そこは動産を切り売りして日銭を稼ぐ没落した旧家で、半ば狂人の異常な人たちの巣窟だった。祖母は憎悪に満ちた家のなかを嘘で塗り固めて丸く収めようと狼狽するだけの存在であり、アングスティアス伯母は「家の格式と品位をひとりで背負ったつもりの偽善の女性」で、アンドレアを勝手な規律で一方的に縛ろうとするが、「初恋の男とのよこしまな関係がたち切れず、その破綻から、ついに修道院入りをする」。二人いる叔父のうち、画家のフワンは経済力が全くなく、戦場で拾ってきた、性的モラルが欠落したナルシストで自堕落な女グロリアを妻にしている。病気の赤ん坊をほったらかして

カルメン・ラフォレット『ナダ（何でもないの）』

までのめり込んでいる妻の賭博収入で食わせてもらっていながら、フワンは狂ったように暴力をふるう。もう一人の叔父ロマンは「さもしい根性で家族の秘密をかぎまわり」、グロリアに不倫を迫るなど「家庭内不和の種をまき散らして、それに不健康な快感を覚える」陰湿な性格の謎めいた男である。

親友のエナを筆頭に学生仲間はみな裕福で幸福な家庭に育ち、月の半分はお金がなくて夕食を抜く、孤児資金頼みのアンドレアとは境遇があまりに違う。自分だけが暗澹としてみじめな家庭で窒息しそうになっているという厳しすぎる現実に、おそらく作者の分身である十八歳の娘が少しも卑屈にならず、堂々と耐え続けるのには感銘を受ける。タイトルのNADA（スペイン語で「ううん、何でもないの」というようなニュアンスの言葉らしい）の含意は、泣きたくなるほどにやりきれないときに、それを笑い飛ばすことができるほどの、戦後に生きる人のたくましさを表しているのだろう。ストーリーは、アンドレアの親友エナが、音楽をきっかけにあろうことかロマンと恋愛関係になることで動きだす。そして実はエナの母こそはかつてのロマンの恋人だという、二つの対照的な家庭の過去の接点という予想外の事情が明かされる。ロマンの勝利かと思われたとき、どんでん返しが待っていた……。

陰鬱でやや平板な前半部とは対照的に、後半は急展開で本が手放せなくなる。内戦後の治安が悪い地域の夜道の暗さや、遠雷のなかの埃によどんだ町の匂いなどが感覚的に伝わるような、見事な描写力には舌を巻かざるをえない。押し付けがましい物乞いになけなしのお金を恵む心情など、若者特有の理屈ではない微妙な心理の説明も鮮やかだ。二十三歳のときに執筆したこの最初の小説が大ヒットになり、栄えある第一回のエウヘニオ・ナダール小説賞を取ったのも当然といえる傑作である。だからこそ次作への社会の期待はいやが応でも高まることになる。カルメン・ラフォレット（Carmen Laforet、一九二一―二〇〇四）は長生きしただけに、残りの人生すべてにデビュー作の栄光の記憶が付いて回ったことを思えば、プレッシャーは常人の理解を超えたものだったはずだ。

　内容的に近いものがあることから、本書はスペイン版『悲しみよこんにちは』（フランソワーズ・サガン）とも『ライ麦畑でつかまえて』（J・D・サリンジャー）ともいわれるらしいが、サガンとラフォレットとは人生を早すぎる成功に翻弄された点でも似たものがあったように思う。ただデビュー作ほどの成功をついぞ得られずとも、サガンのほうはコンスタントに小説を書き続けるしぶとさがあった半面、調べたかぎりラフォレットの創作活動は全く先細ってしまったようで、これが何とも痛々しい。

　最後に、半世紀以上も絶版で忘れられていたこの小説に新訳（『なにもない』木村裕美訳、河出書房新社、二〇一八年）が登場したことを紹介しておく。多くの本好きに読んでもらえることになったことを心から喜びたい。

ヴェーラ・パノーヴァ『四季』

上・下、工藤精一郎訳、一九五六年

冷戦終結後、ソビエト時代の文学が急速に過去のものになりつつある。無批判に社会主義建設の勝利を称揚するような無葛藤理論に裏付けられた作品が量産され、邦訳もされてきたことも一因だが、言論への制約が厳しいなかでもロシア文学の伝統を引き継いだ骨太の傑作群までもが、今日書店の棚に見いだせないことは残念である。

ヴェーラ・フョードロヴナ・パノーヴァ（Vera Fedorovna Panova、一九〇五―七三）は、作品を発表するごとに論争や批判を巻き起こし、そのために作風の修正を迫られるという、ソビエト政権下の芸術家としての厳しい宿命のもとに生きた人だった。一九四六年に書いた出世作の『道づれ』（井上満訳〔現代の文学〕、岩波書店、一九五五年）は、前線から後方へと負傷兵を運ぶ衛生列車に乗務した人々が、絆を深め共産主義者として成長していく過程を心理描写豊かに描き、スターリン賞を得るなど成功した。一方で、四七年の『クルジリーハ』（未訳）はスターリン賞を獲得しながらも、ウラルの兵器工場の工場長と労働組合の委員長の間の葛藤を個人的資質に還元していると非難された。続く四九年の『明るい岸』（中島学自訳、世界文化社、一九五三年）は五カ年計画下の国営農場を描いているが、批判を受けての現実美化が目立つ。そして五三年に本書『四季』を書いたが、同時期のイリア・エレンブルグの『雪どけ』ともども、ソビエトの暗黒面を描いたことそのものが悪いのではないにせよ、何かの目的のための闘争を欠いた、行き過ぎた客観主義であり、「自然主義の泥沼に落ち込んだ」（第二回ソビエト作家大会）と批判されることになる。

『四季』は架空の都市エンスクを舞台に、主として三つの家族とその同僚や友人ら多彩な人々の一年間を、交響楽的に描写したスケールの大きな作品である。機関士レオニード・クプリャーノフの妻ドロフェーヤは貧農の出身だが、市の役人として順調に出世していく。彼女の悩みの種は、息子のゲンナーディイが性根の腐ったやくざ者であることだ。彼は捨てぜりふとともに家を出て未亡人のズィナイーダのところに下宿するが、この女は自分の利発な息子サーシャ・リュビーモフよりもこのならず者に入れ込む愚か者である。そのサーシャが憧れているのが友人セリョージャの姉、女学生でアスリートのカーチャ。ところが姉弟の父のステパン・ボルタシェーヰチが汚職発覚で自殺し、エゴイストで虚栄心が強い母ナジェージダが姉弟を置いてエンスクを去るという事件が起こる。一時は労働者になることも考えたカーチャだったが、長年愛を育んできたヴォイナローフスキイ大

ヴェーラ・パノーヴァ『四季』上

尉と結婚して勉学を続ける道を選んだので、サーシャの片思いは霧散する。

訳者の工藤精一郎が「解説」で述べているように、「生産・労働・生産競争の芸術的表現がない」「重要な地位にある人物が、簡単にスケッチされているだけで、党、委員会、組織の仕事という公的な面で、人民との結びつきに於て十分に描かれていない」「〔主要な登場人物たちも：引用者注〕家庭生活と愛情の面しか描かれていない」「要するにこの作品は優れた家庭生活と愛情の記録であるが、ソヴェートの要求する文学作品ではない」というのが、この小説に対する当時の批判の要旨である。だが、書くべきと批判されたような余計なことが書かれていないからこそ、巧みに配された多くの人物の個性や、緊密に練られたストーリー展開の見事さが際立っているので、今日的な視点ではそれはむしろ評価されるべきかもしれない。

ただ少し残念なのは、社会の暗部といっても汚職事件や悪党集団が描かれているだけで、貧困や格差、思想的な引き締めや監視社会といった当時のロシア社会の深刻な病理と、それに由来する人間の苦悩については筆を抑えて目を背けているため、長大な作品にもかかわらずロシア文学らしい深みという点で物足りなさが残ったことだ。パノーヴァに限らず、この時代のソビエト作家共通の限界かもしれない。

リヒアルト・カウフマン『天国は配当を払わない』

上・下、三浦朱門／曾野綾子訳、一九五六年

私の手元にある本には、訳者の三浦朱門から阿部知二に宛てた謹呈の署名がある。氏については文化庁長官時代のレイプ容認発言や、二次方程式の解法を知らなくてもかまわないと放言した妻の曾野綾子ともども「ゆとり教育」を推進し、日本の若者の知的水準低下に貢献したことなどで、全くいい印象を持っていないため、この署名をありがたがっているわけではない。むしろかなり以前だが本書を国分寺の書店で買い求めた際に、その分が上乗せされた価格を払わされたのは痛かった記憶がある。

ただ「後記」にある文章はさすがに巧みだ。とっかかりがまず面白い。

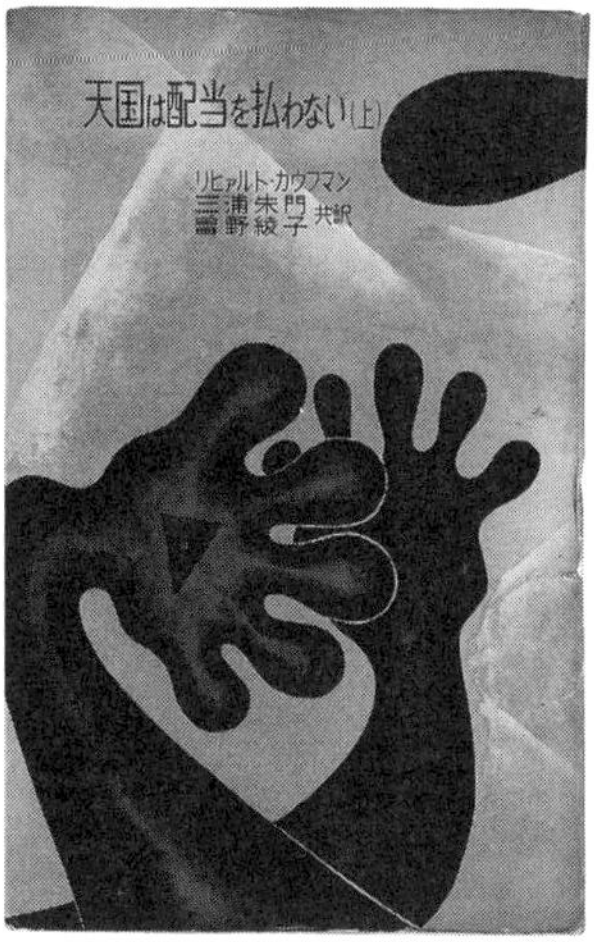

リヒアルト・カウフマン『天国は配当を払わない』上

この二三年来、外国人がよく泊まるホテルの人に頼んで、客が読みすてて行った古本を貰うことにしている。日本に名を知られていない人の本を買うのは冒険だし、第一こちらの資金が続かない。このシステムだったら、面白くなければ、本と一緒に作者の名前を忘れても少しも惜しくなく、おまけに、どんな傾向の本がその国で流行しているかの見当もつけられるのが楽しかった。

そのようにして貯った各国の本が二三百冊にもなったろうか。その中から発見されたのが、この「天国は配当を払わない」である。

タダで入手した廃棄本は、アメリカ軍占領下という時代背景を考えると、ドイツ語の原本ではなく英訳本ではなかったろうか。調べたところエリック・モスバッハーによる英訳本(版元Jarrolds)は一九五二年の刊行だったので、おそらくこちらが本書の種本だろう。三浦朱門はその後も小説やエッセーの執筆の傍ら、ウィリアム・サローヤンの『我が名はアラム』(〔角川文庫〕、角川書店、一九五七年)など翻訳も継続しておこなっているが、ドイツ語からの訳はないと思われることも、その推測を後押しする。しかし大日本雄弁会講談社は重訳については一切触れず、ドイツ語原本の刊行年(一九五一年)さえ漏れていて、扉に原題(Der Himmel zahlt keine Zinsen)、著者名(Richard Kaufmann)、版元(Schuler-Verlag)について記載しているにすぎない。版権はクリアしているのか心配になるありさまだが、そういう時代だったのだろう。

主人公ロディはナチス勃興期に文筆家の父マックスとの裕福な父子家庭に育つ。美術史研究者を目指すが、その動機にも切実さはなく、そのために必死の努力をするでもない。何事にも熱がない対応しかできず、社会悪を突き詰めて考えることもせずに従順に現状に甘んじる、典型的な凡人である。隣人の亡命没落ロシア貴族未亡人のエフゲニヤと三人の娘たちとは長期にわたって親密な関係だ。年上の長女クリーデに憧れるが、彼女はなんとマックスと結婚し、その強い感化によってマックスは熱心なナチス党員になり外交畑で目覚ましく出世していく。自由人で勝ち気な次女ヨゼフィーネは表面上は華美で悪徳にまみれた海外生活を送りながら、スパイ活動をおこなう。三女のマルガレーテは、ユダヤ男との私生児である。

砲兵になったロディはフランス戦線で勲章をもらうが、ロシア戦線が開かれると転戦させられ、絶望的な撤退の最中のけがで左手を失い傷痍軍人となる。敗戦の色が濃くなり、献身的に看護師として働いていた婚約者ヨハンナは彼の戦死の誤報に絶望し、自死してしまう。祖国崩壊を眼前に、ロディは再会したマルガレーテと刹那的な愛におぼれる。

戦後の混乱期でも、要領よく生きる人間はくず鉄問屋などをしてすぐさま金を稼ぎだすが、そうでない凡人である彼は擦り切れた軍服を着続け、街をさまよう。犬に襲われた野良猫を助けるためにロディは投石し、血統書付きの犬を骨折させたと弁償を迫られる。野良猫など価値のないもののためにバカなことをしたと批判するマルガレーテに代表される社会常識を前に、傷ついた子猫を抱きしめるラストシーンは実にもの悲しく象徴的だ。

ドイツに限らないかもしれないが、戦後の文学は多くが過度に深刻で陰鬱で退廃的でグロテスクなイメージがあったが、本書はまるで十九世紀の小説のような明快さを持っている。脇役の登場人物も巧みに配され、シチリアやフェロー諸島でのエピソードが続く前半は多少退屈な面もあるが、いずれも後半の伏線になっている。やや残念なこととしては、まず主要人物間の偶然の出会いがいささか多すぎるご都合主義がある。加えて、おそらくは戦争の記憶がまだ生々しすぎたためだろうか、ロディの上司が命令で捕囚たちを虐殺するエピソードがあるとはいえ、地獄絵だったはずのロシアでの壊滅など、悲惨な戦争描写からはかなり意識的に目をそらしている点も惜しまれる。とはいえ二、三百冊もあったなかから訳者が選び出しただけのことはある、非常に魅力的な小説である。

最後に、「自慢にはならないが、彼が一九一四年の生れであること、二十五歳の時、海軍に入り、第二次大戦に参加し、現在ババリヤに住んでいること以外、私は何も知らない」と訳者後記にあるが、著者のカウフマンについては、筆者もいろいろ調べてみたもののよくわからなかった。訳者にならい「各位の御教示を待つ」ことにしたい。

エルザ・トリオレ『誰も私を愛さない』

菊池章一訳、一九五六年

エルザ・トリオレ（Elsa Triolet、一八九六―一九七〇）はユダヤ人弁護士の父、音楽家の母のもと、帝政時代のロシアに生まれた。一九一九年にフランス人将校アンドレ・トリオレと結婚、夫とともに太平洋の島タヒチに滞在した。二一年に夫を残してヨーロッパに戻り、二八年にはパリ・モンパルナスでルイ・アラゴンと出会い、のちに再婚する。四四年には『最初のほころびは二百フランかかる』で女性で初めてゴンクール賞を受賞した。本書は二部作『アンヌ＝マリー』の第一部である（原著一九四六年）。

本書の前半は孤高の映画スターのジェニー・ボルゲーズが主人公である。彼女が最も心を許すのは、同居人で幼少時からの長い付き合いがある十歳年上のアンヌ＝マリー・ベランジェである。スペイン内戦で共和派を支持するジェニーは、新作映画をめぐって右派系のメディアから執拗な中傷を受ける。初期の乳がんの兆候も彼女を不安に陥れる。加えて連夜ジェニーの豪邸で宴会騒ぎをする取り巻きの男連中も、高慢な彼女には表裏がある腹黒い者ばかりに思えて、「誰も私を愛さない」と嘆くしかない。ついにジェニーは自殺し、アンヌ＝マリーには遺産が残る。後半はドイツ占領下のフランスで、かつてのジェニーの取り巻きの男たちのレジスタンス活動に、ノンポリだったアンヌ＝マリーが次第に巻き込まれていく。彼女は同志との強い連帯感を感じながら、その喜びを知らずに孤独のなかで死んだジェニーを悼む。

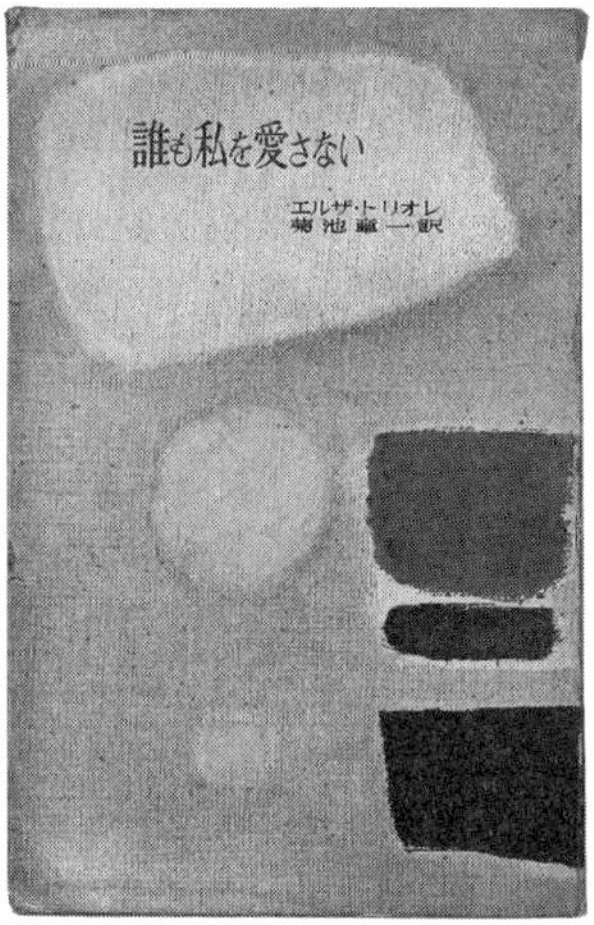

エルザ・トリオレ『誰も私を愛さない』

夫と家族を南洋の島に残してパリに一人戻って生活し、戦時中はレジスタンスに明け暮れるなど、アンヌ＝マリーには作者の人生経験が投影されていて、その意味で本書は自伝的小説とみなしうる作品である。ジェニーに該当するのは、やはり自殺した詩人のウラジーミル・マヤコフスキーで、巻末「解説」によれば実際にトリオレは、「ジェニー・ボルゲーズはマヤコフスキーがモデルなわけではありませんが、意識的無意識的に、私は彼女にマヤコフスキーの性格の特徴をたくさん与えました」と講演（一九四七年二月、アテネ座）で語っているそうである。

本筋とは関係ないが、ドイツ占領下で一時パリを離れて田舎に住むことになったアンヌ＝マリーが滞在したヴィラを経営する、極端に吝嗇で厚顔な老姉妹が登場する。その小悪党で戯画的な行動はインパクトが強烈すぎて、（ジェニーは別としても）ほかの主要登場人物の個性が全部かすんでしまうほどである。実際、かつてのジェニーの取り巻きのラウルー・レジェ（彼はアラゴンがモデルだろうか）は、レジスタンス活動を通してアンヌ＝マリーを愛するようになるが、何度か登場するくせにその人物像の彫り込みは深いとはいえず、印象に残らない。このあたりがこの作品の物足りないところと個人的には思う。

ピエール・ガスカル『女たち』

室淳介訳、一九五六年

過去に自社単行本を文庫化した例が多くはなかったため、一九五五年初版の『けものたち・死者の時』（渡辺一夫／佐藤朔／二宮敬訳〔現代の文学〕、岩波書店）が二〇〇七年に岩波文庫で復刊したのには、なぜいまごろになってと驚かされた。さらに驚いたのはその中身で、なんと「解説」や「あとがき」は親本のものをそのままに踏襲していて、新たに付け加えられた文章が皆無なことだった。そのこと自体は確かにヴェルコール『海の沈黙・星への歩み』（河野与一／加藤周一訳、親本の岩波現代叢書〔岩波書店〕は一九五一年、岩波文庫〔岩波書店〕は一九七三年）など前例があるとはいえ、何しろ半世紀以上も歳月が流れ、ピエール・ガスカル（Pierre Gascar、一九一六—九七）も故人であ

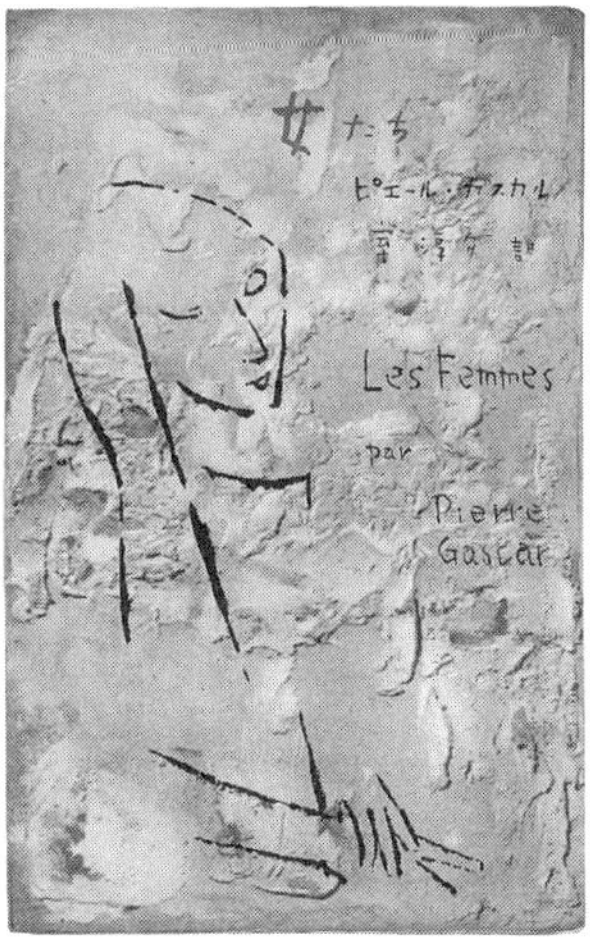

ピエール・ガスカル『女たち』

るため、作家の人生と代表作の紹介ぐらいは付録にあるだろうとばかり思っていたのである。もちろん訳者は全員物故者となっているから、おそらくは弟子筋の若手の学者の仕事になるのだが。ともあれ、捕虜収容所での墓掘り労働者としての体験を土台にした中篇「死者の時」は初期の大江健三郎に影響を与えたとされ、それを理由に本書を読みたかった読書家も多かっただろうから、文庫初のガスカル作品集が登場したことはもちろん喜ばしいことであるのは間違いない。

一九五三年度のゴンクール賞と批評家賞を同時受賞した、戦時の極限状態を背景とした鬼気迫る岩波文庫所収の作品群と比べると、五五年に刊行された四つの中・短篇からなる『女たち』は、見かけこそずっと肩の力が抜けているようだが、「女の愛と孤独を人間の心の奥深く探」(「訳者あとがき」)る、突き刺すような鋭い深刻さを隠し持っている。消毒のための二日間の労働免除を交代で得るために、捕虜収容所内でシラミを繁殖させようと企てる女たちを描いた「虱と女」、負債を抱え込んで没落した一家を窮地から救うために、とうに破綻した事業への出資を誘って街の女からため込んだ金をだまし取る「母親」、海辺の保養地でブルジョアたちから軽蔑され無視されていた貧しい翻訳家が、停電の夜にロウソクを手に入れて何とか仲間として認められようとする「塩と恋」、そして周囲の状況にすり減りながらも、面会に来ない夫のことをひたすら思い続ける精神病院患者の一人の女の内面を描く「精神病院の女」。四編すべてに共通しているのは、厳しい運命から救われず、追い求めるものを諦めていく、孤独な女たちである。

たとえ長大であっても読みやすい、ストーリー重視の作品が集められたミリオン・ブックスの翻訳フィクションのなかでは、本書は例外的にやや難解な存在である。一読しただけでは意味が取れない文章もあちこちにあるし、一部だが細部に込められたメッセージがわかりにくいものもある。当時、駅の売店などで親しみやすそうなタイトルにつられて購入し、途中で投げ出した読者も結構いたのではないだろうか。

ジュール・ロワ『不貞の妻』

大塚幸男訳、一九五七年

「サン・テグジュペリの流れを汲む飛行機乗り」（「訳者小序」）にして作家のジュール・ロワ（Jules Roy、一九〇七―二〇〇〇）は五十冊以上もの著書がある大家のようだが、わが国では主にアルジェリア戦争やベトナム戦争を批判・糾弾するノンフィクションで知られ、小説は本書（原著一九五五年）と『幸福の谷間』（原著一九四六年、金子博訳〔新鋭海外文学叢書〕、新潮社、一九五五年）の二つの初期作品が訳されただけにとどまったため、今日では忘れられてしまって久しい。私自身寡聞にも知らない作家だったし、タイトルからして妻に浮気をされて苦悩する夫を扱った、特にフランス文学によくあるような話だろうと思って、あまり期待せずに読みだした。

アルジェリアに駐留するフランスの空軍部隊。小説は、フェレール中尉が操縦するダグラス機が

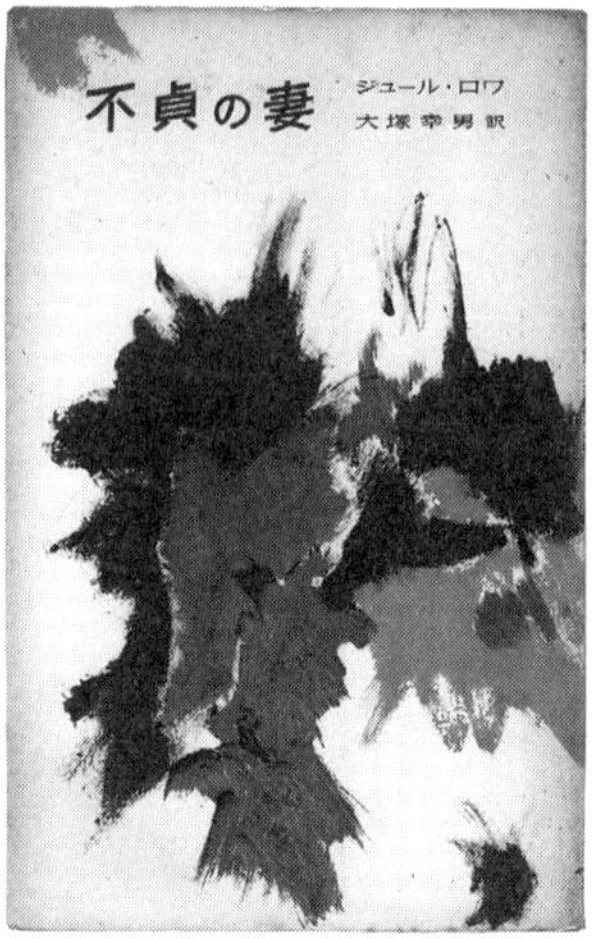

ジュール・ロワ『不貞の妻』

海上に墜落したという電報から始まる。副隊長デュマールは、ルソー大尉とともに、フェレール夫人エレーヌに悲報を知らせに出かける。小説の前半は居所がわからない夫人を探し回る二人の会話と、過去の回想がモザイク状に交錯して語られることで、フェレール夫妻の実像が組み上がっていく。飛行機に心奪われている夫に不満を感じている肉食系の夫人は、医師ルロンばかりか、ルソーとも関係を持っていたことに、同じく夫人に恋い焦がれていたもののつらくも自制していたデュマールは驚き傷つく。フェレールは寝取られ男と周囲から軽んじられても耐え、漏れ聞こえる噂に対しても聞こえないふりをしていたが、実は死の飛行の五日前にデュマールとの対話で深く苦悩する心を垣間見せていた。後半、新しい情夫のところにいた夫人は、夫の行方不明を知らされて罪の意識に打ちひしがれ、フェレールへの愛情にいまさらながら気がつく。おんぼろな飛行機を何より愛する戦友同士だったデュマールもルソーもその苦い心情は同じだった。フェレールの遺体が発見されたという二通目の電報で小説は終わる。

小説のハイライトは、夫人の捜索を一時休止している機会をとらえ、やりきれない孤独感から逃れるようにダグラス機に乗り込んで事故現場上空まで飛び立ったデュマールの内的葛藤である。

「その妻がまち全体と飛行中隊との眼の前で、寝取られた男というグロテスクな役割をフェレールに演じさせていた時以来、フェレールはけりをつけたがつていたのかもしれない。どんな偉大な人間であれ、勇気を失わずにあんな試煉に堪えることができたろうか?」、さらに「彼は善良であつたから暴力を用いる気にはなれなかつた、こうして彼は嫌悪を催させられる闘争でたたかうよりもむしろ自ら姿を消す方を恐らく選んだのであろう」とフェレールについて回顧する。そんなデュマール自身は、「世間の風習に適応して、自分と同じ人間どもの子供つぽい馬鹿げた遊びに加わる気になれない」し、「死ぬまで自分は、それでも熱烈に愛している世界から自分だけ離れているような気がする」のである。不器用なデュマールにとつては、フェレールには共感しても、真の姿があらわになつた、情欲の赴くままに生きられるルソーやフェレール夫人からは苦悩しかもたらされず、嫌悪感と疎外感から「心の中に傷口があく」思いがする。だが、結局彼は「自分は決定的に人間と別れを告げることができるほどに強いだろうか?」と自問を重ね、ついに「この自分が借りている道は、死という偉大にも自由な空間に出るまでには、なお長いことと地上の障碍を越えて行かなければならないであろう」という結論に至る。彼の精神的危機は克服され、「ぼろども」と呼んでいる、「自分の心がそのためにとどろいて倦むことを知らぬ唯一の情熱」である飛行機は、こうして帰路をたどることになつたのである。

いいほうに予想は外れた。これは計算された古典的な均整美を持ち、読み直すほどに新たな感動を与えてくれる、短いながら驚くほどに完成された作品である。何らかの形での再刊を切に望みたい。

アンリ・ド・レニエ

『ある青年の休暇』

青柳瑞穂訳、一九五八年

バカロレアの試験に失敗したジョルジュ・ドロンヌは、夏季休暇で母とともに大伯父ド・ラ・ブールリ氏（古文書で家系図や紋章の研究をしている、病的な心配性で変わり者の、本書随一の喜劇的人物）が住む田舎町リヴレエへ行く。女優のブロマイド写真や艶っぽい小説（なんとテオフィル・ゴーティエの『モーパン嬢』）を隠れて観賞することを楽しみにしているような、内気で奥手で純朴なジョルジュだったが、隣町に偶然居合わせた友人マキシムの兄の情人ウージェニや、親戚の美貌の若い未亡人エスクララグ夫人と交流し、保守的な田舎の人たちも巻き込んで、忘れがたい経験をする。休暇の終わり近く、ジョルジュは勇気を持ってウージェニの家を訪問する。精いっぱいめかし込んだものの、新品の靴がきつくて痛さをこらえる羽目になり、肝心の彼女ともろくに話ができず、おまけにそのことが大伯父夫婦や母にもばれてひと騒動になってしまう。そんな彼にもちょっとびっくりのひとコマが……。

なんとも甘酸っぱいセンチメンタルな青春小説である。いまの時代の元気な若者からすれば、何とも不器用で現実離れしていて共感する余地がないかもしれない。ただ自らと重なるところが多くて本書にひどく惚れ込む少数のシャイな人も、現代でもきっといることだろう。だが筆者のように、思春期の経験が昇華し果てた、初老の時期に差しかかった折にこの本に初めて出合った人が持つ感想は、また彼らとは異なるものになる。巻頭の序言で「これらのページが読者に我がことを思ひ出させるよすがとなれば幸ひである。何故となれば、人々はそこに、十五の齢にはわれらを深く感動させるも、年経れば、恰も過去を振り返つて微笑むごとく、懐かしく哀しく、われらを微笑ませる小事件の数々が物語られてゐるのを見出すであらうから」と三十九歳のアンリ・ド・レニエ（Henri de Régnier、一八六四―一九三六）自身が書いているように、心の奥底にしまわれていた遠い記憶が呼び覚まされて赤面の至りとなるが、一方では、もうそんなときめきを感じることなどないいまの自分が少しばかり寂しくなるのだ。そして人生の残り時間があまり多くないことに、いまさらながらため息をつくのである。

「レニエは初めから完成されてゐた」「彼のあまりにも完璧な文章、彼の貴族的な節度が、彼の情熱や若さを不作法に濫費することを憚つただけのことである」「作家は生涯に必ずこのやうな作品を一つ遺すものらしい。そして、それは文字どほり、《ささやかな小説》かも知れないけれど、その作者の特異な作品として、作者

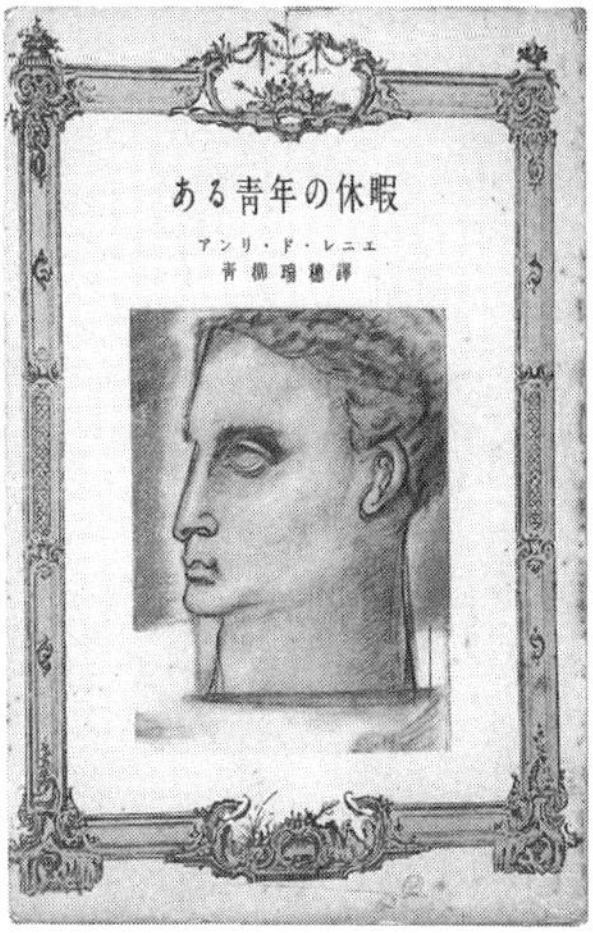

アンリ・ド・レニエ『ある青年の休暇』

自身も愛好し、読者にもまた忘れがたいものになるらしい。「すみだ川」然り、「たけくらべ」然りである。二作とも、題材はおよそ古風でありながら、今もつて古びてゐない」など、巻末「解説」には訳者のこの小説への高い評価と強い思い入れが随所に見られる。筆者も全く同感で、旧訳（一九四六年、斎藤書店。本書が旧字・旧仮名なのはそのため）の再刊を「私の唯一の念願」としていた訳者に機会を提供した講談社の編集者に、半世紀以上も後世の読者の一人としていまさらながらお礼を申し上げたい。

第3章

＊

河出新書文芸篇

（河出書房）

河出新書は第一次新書ブームに乗り出す際に、教養篇、文芸篇、写真篇と三本立てにシリーズ化して刊行した。教養篇には、古谷綱武編『恋愛について』（一九五三年）、吉田精一編著『青春の書簡』（一九五三年）、瀬沼茂樹編『若き日の読書』（一九五三年）といった若者向けの往年の書目が並ぶが、文芸篇はなかなか面白い。

海外文学は初期のころは定番作品の収録を志したようで、ヘルマン・ヘッセ『郷愁——ペーター・カーメンチント』（高橋健二訳、一九五五年）、アーネスト・ヘミングウェイ『武器よさらば』上・下（高村勝治訳、一九五五年）、『リルケ詩集』（手塚富雄編、一九五五年）、アンドレ・ジイド『田園交響楽・イザベル』（堀口大学／新庄嘉章訳、一九五五年）など既視感がある書目が並ぶ。やがて他社と差別化を図ることに方針転換し、この本で取り上げるユニークな作品を刊行していく。

本書では取り上げなかった翻訳文学として、角川文庫で版を重ねたフランソワ・ボワイエ『禁じられた遊び』（平岡昇訳、一九五六年）、新潮文庫で読める短篇収録のコールドウェル『昇る朝日に跪く』（山下修訳、一九五六年）とヘミングウエイ『持てるもの持たざるもの』（中田耕治訳、一九五六年）、平凡な家庭の主婦のよろめきを日記体でつづったアルバ・デ・セスペーデス『禁じられた手帖——ある幸福な主婦の告白』（西田義郎訳、一九五六年）、アンドレ・マルロオ原作、テイエリ・モニエ脚色『戯曲 人間の条件』（小松清訳、一九五六年）、それに張恨水『白夫人の恋——完訳・白蛇伝』（常石茂訳、一九五六年）などがあった。

日本文学も同様で、当初は武者小路実篤『馬鹿一万歳』（一九五五年）、川端康成『虹いくたび』（一九五五年）、大仏次郎『帰郷』（一九五五年）、伊藤整『典子の生きかた』（一九五五年）といった定番作品でスタートしたが、後半に出た上林暁『入社試験』（一九五五年）、由起しげ子『コクリコ夫人』（一九五五年）、同『若い火』（一九五六年）、中里恒子『若き葡萄』（一九五五年）、同『夜の橋』（一九五六年）、小沼丹『白孔雀のいるホテル』（一九五五年）、大岡昇平『振分け髪』（一九五五年）、武田泰淳『敵の秘密』（一九五五年）、長与善郎『一つの今日』（一九五五年）、高見順『花自ら教あり』（一九五五年）といった書目はレアで魅力的だ。むしろ翻訳物以上にこれらはいまではなかなか入手困難である。

ケッセル

『深夜の女王』

田辺貞之助訳、一九五五年

革命で国を追われた帝政ロシアの貴族たち。亡命先であるパリでの生活は厳しく、場末のナイトクラブで給仕、楽師、歌手、ダンサー、さらには売春婦となって、酒におぼれ、華美ではあっても希望がないその日暮らしの毎日を、歯を食いしばって生きなくてはならない。主人公のエレーナ・ボリソーヴナの支えになっているのは自尊心、すなわちロシア貴族としての意地でありプライドである。それはしばしば極端に意固地なものになり、彼女の常識外れの決心を引き起こし、貧しいながらも平凡に生きる看護師の姉との生活から離れ、酒場の女へと転落する原因となる。しかし、「あとがき」で訳者が「この意地ある故に、この意地が悲惨と頽廃と自暴自棄の底に沈淪する亡命者の生活の泥濘に太い筋をひいて躍動する故に、『深夜の女王』の一篇は立派な哀歌となつている。意地のないところに生きた人間性がなく、また意地によつてはじめて人間の悲惨が生命を与えられるからだ」と書いているように、プライドはエレーナの人生を破滅的な方向に導くが、そうした悲壮で不器用極まりない生きざまは、清浄かつ純粋なものとして心を打つものがある。ただし、愛してもいない病弱なワーニャを一方的に婚約者に決めて結果的に失望させ、同じく愛してもいないコリックの鉄人フョードル・アシケリアーニ公と一夜をともにし、農民アントン・イヴァーニッチの求愛を退け続けた果てに、突如赤道直下の未開の地へ一緒に行く決心をするなど、エレーナには理解不能な行動が多すぎるようだ。そのため、彼女への共感や憐憫がもう一つ湧いてこないのも正直なところで、淡々とした筆致と、知られざる亡命ロシア人社会の実態を伝えている点で大変に魅力的な小説だけに、そこがやや残念である。

ケッセル『深夜の女王』

本書は『朝のない夜』と改題されて、角川文庫で再刊された（田辺貞之助訳〔角川文庫〕、角川書店、一九六〇年）。原題は Nuits de Princes だから、あえてオリジナルとは違う邦題に付け直したことになる。訳者は角川文庫版の「あとがき」ではそのことに触れていないが、改題によってエレーナだけでなく、亡命ロシア人すべての希望のなさがより表現される包括的な形になり、小説の実像に寄り添っているように思われた。『昼顔』（堀口大学訳、八雲書店、一九四六年）は例外としても、第2章で紹介した『赤い草原』や、『幸福の後に来るもの』（堀口大学訳、新潮社、一九五一―五二年）など、ケッセルの小説に付けられたタイトルは必ずしもベストのものではないように思うことがこれまでにもあったことも考え合わせれば、もちろん改題を支持したい。いかんせん、私のように別作品と間違えて両方とも購入してしまった者としては、最初から一貫した邦題で統一してほしかったという恨み節も出ようと思うけれども。

ウィラ・キャザー『愛のたそがれ――ルシイ・ゲイハート』

中村能三訳、一九五五年

本書で紹介している本は基本的にすべて架蔵しているが、実はこの本だけは手元にない。私が持っているのは『別れの歌――ルーシー・ゲイハート』(竜口直太郎訳〔角川文庫〕、角川書店、一九五四年)であり、もちろん同一作品だから内容に差異はないはずだが、訳者が異なるので固有名詞などの表記は違っている。その点、あらかじめお断りとお詫びを申し上げたい。それでもあえてこの本のために一項を割く理由は、もちろん本作が決して看過できない名品であるからにほかならない。なお、本稿の固有名詞などは前記理由で角川文庫版のものを用いた。

ネブラスカ州ハヴァーフォードのゲイハート家には二人の娘がいた。姉のポーリンは時計修繕の家業を営む父を支えて家事を担当している。陽気で活気ある妹のルーシーはお金を出してもらってピアノの修業のためにシカゴに行く。そこで出会ったクレメント・セバスティアンは壮年の歌手で、彼女は彼を愛するようになる。同郷のボーイフレンド、ハリー・ゴードンからの求婚を断り、セバスティアンの伴奏者として演奏旅行に行くことを望んでいたが、その直前に彼は事故で溺死してしまう。ルーシーに振られたハリーは腹いせに愛のない結婚をしていて、故郷に帰ってきていたルーシーに、まだ愛しているがゆえにつらく当たる。しかし今度はルーシーがスケート中の事故で水死するに及んで、彼は一連の自分の行為を深く後悔する。二十五年ののち、ゲイハート氏もポーリンも故人となり、主なきゲイハート家は金融業者ハリーの所有になった。彼は少女時代のルーシーの足跡が残るコンクリートも含め、その思い出の場所を生きているかぎりそのままにとどめようと決意するのだった。

人生は思いどおりにいかず、後悔はいつまでも続く。違う人生を二人で歩むこともできたはずのルーシーとハリーはもとより、妹を支え続ける人生を過ごしたポーリンも、娘二人に先立たれて寂しい晩年を過ごしたゲイハート氏も、みなそれぞれが哀しくも不幸だった。この小説はそれぞれの人の満たされなかった思い、「愛のたそがれ」をしみじみと描いていて、その意味では本書の邦題はなかなかに秀逸だと思う。

ウイラ・キャザー（Willa Cather、一八七三—一九四七）はアメリカを代表する作家ながら、翻訳に恵まれてこなかった。最近になってようやく『マイ・アントニーア』（佐藤宏子訳、みすず書房、二〇一〇年、二〇一七年〔新装版〕）や『大司教に死来る』には新訳（須賀敦子訳〔須賀敦子の本棚2〕所収、河出書房新社、二〇一八年）が出たが、もう一つの代表作『おゝ開拓者よ！』には戦後間もない時期の翻訳しかなく（岡本成蹊訳、改造社、一九五〇年）、いまや入手困難になっている。また文庫も角川文庫版の本作があるだけで、それも同じく稀覯本である。ヘミングウェイやウィリアム・フォークナーと同じくらいには手軽に書店の棚から手に取れる状況になることを切に望む。

ウィリアム・インジ『ピクニック——夏の日のロマンス　戯曲』

田島博／山下修訳、一九五五年

「イケメン、マッチョなんぞくそくらえ！」って、みんなが声を大にして言わないのは、もてない男のごまめの歯ぎしりに聞こえるからだろうな。私なんか、中学以来ずっとそう思ってきたけれど。

何しろ、このハル・カーターってやつは気にくわない。フットボール選手の奨学金で大学に入ったものの落第して退学、放浪の末、学生時代の裕福な友人アランを頼って、ルンペン同然の姿でカンザス州の田舎町に現れた。そこで町いちばんの美人マッジ・オウエンズ、その妹のミリーだけでなく、独身女性でひねくれた女教師ローズマリー、やもめ暮らしの初老主婦ヘレン・ポッツ夫人に至るまで、女という女にモテること、モテること。ダンスを断られてブチ切れたローズマリーからこっぴどく罵られるが、図星なのでぐうの音も出せないくせに、巧みなダンスでアランの恋人だったマッジの気を引いて横取りしてしまうのだから、義理も人情もありませぬ。とんでもないプレイボーイもあったものだ。アランから紹介されるはずだった職も失い、警察に追われて街から逃げる羽目になるのは、いわば自業自得である。

ただ、おそらく多くの読者、観劇者は違う解釈をするのだろう。大風呂敷を広げたハルの話しぶりは素朴で悪意がないものだし、不幸な成育歴は同情をいざない、不器用な生きざまがかえって女心をくすぐることは疑いない。逆に親のカネで車を乗り回し、けんかを挑んでハルに簡単にねじ伏せられるひ弱なアランに対しては、心引かれないばかりか同情さえも生まれないのだろう。うーん、何か間違っていないか。正義はどこにある？

ウィリアム・インジ（William Inge、一九一三—七三）は研究者以外からはほぼ忘れられているようだが、主にアメリカ中西部の小さな町を舞台として、市井の小市民の生活を淡々と描いた劇作家で、テネシー・ウィリアムズやアーサー・ミラーとともに二十世紀のアメリカ演劇を盛り上げた。『いとしのシバよ、帰れ』（一九五〇年）で成功を収め、本作『ピクニック』（一九五三年）ではピュリツァー賞を受賞している。ほかにもマリリン・モンロー主演の映画化で有名な『バス・ストップ』（一九五五年）などを書き、さらにエリア・カザン監督の映画『草原の輝き』（一九六一年）ではアカデミー脚本賞を得たが、のちに小説に転じるも成功せず、最後

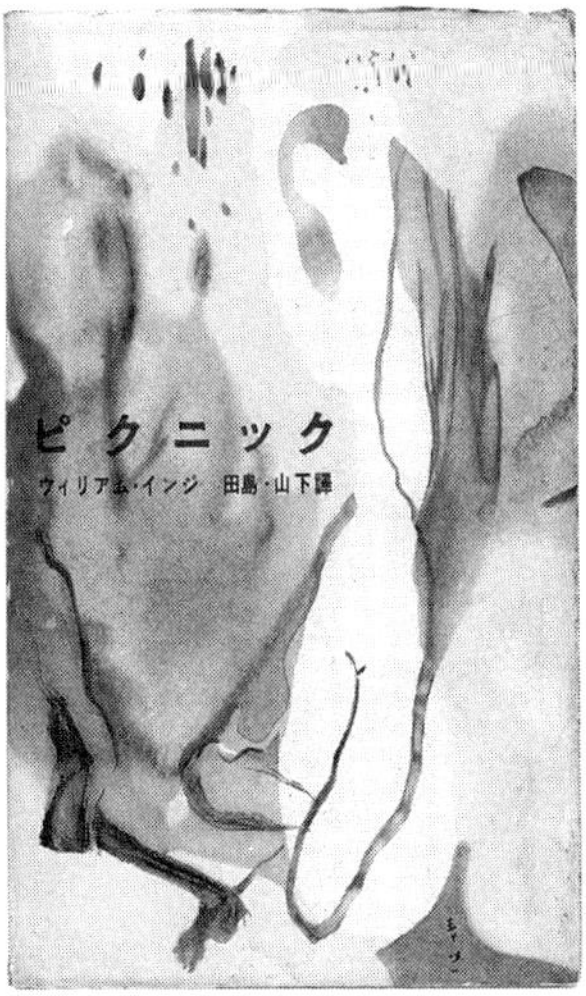

ウィリアム・インジ『ピクニック——夏の日のロマンス 戯曲』

は自殺している。

本作も一九五五年に映画化されたが、早くもその年に日本語訳の出版にこぎつけている河出書房は、カバー装丁に東郷青児を起用するなど、この新著の刊行に結構力を入れていたのではないか。時間的制約もあったと推察できるが、テネシー・ウィリアムズの一連の作品の翻訳で知られる田島博の訳文は、妹娘ミリーなどの適度に野卑な言葉遣いなどにいかにも田舎ヤンキーの雰囲気が生き生きと出ていて、まさに闊達である。

さて、最後にその映画の話を。原作はこれが唯一の訳本のため、英語で難なく読める読者は別にして、いまでは映画DVDを通じてこの作品に接した人がほとんどだろう。配給はコロンビア映画、監督はジョシュア・ローガン、主演はウィリアム・ホールデン（ハル）、キム・ノヴァク（マッジ）。原作では家で料理をしていたマッジも水泳に出かけたり、基本的に舞台はオウエンズ家とポッツ家とその庭で動かない劇なのだが、それではあまりに変化が乏しいため総出でピクニックに出かけ、マッジがハロウィーンの女王に選ばれるシーンがあったり、恨みから泥棒の罪をアランになすり付けられ、警察に追われそうになるハルをアランの父が出てきてかばったり、ローズマリーに結婚を迫られて逃げきれなくなっている中年男ハワードの家にハルが警察に追われて逃げ込んだりと、特に後半にいくつか改変があるが、ほぼ原作に忠実な映画化である。勉強ばかりしている不細工なタバコ好きな娘と自他ともに認めていたミリー（スーザン・ストラスバーグ）が、恋を知って一気に美しくなるところは映画ならではだ。だからというわけではないが、そのミリーがこともあろうにマッジに振られたアランに秘めてきた恋心を告白する原作のシーンはいただけなかったが、映画版はそれがカットされていて、わが意を得た思いだ。ちなみに脇役もすばらしい。アーサー・オコンネルはハワードのしょぼくれた感じを、ロザリンド・ラッセルはローズマリーのグロテスクに屈折した心魂を、そしてヴェルナ・フェルトンはヘレン・ポッツ夫人の福々しい寛容さをイメージどおりに好演している。あと、マニアには見逃せないのが貨物列車で町を出たハルを追ってマッジがバスに乗り込むラストシーン。半世紀以上前の機関車や路線バスはさすがにいい味を出している。ところでこの映画を撮ったとき、ウィリアム・ホールデンは三十七歳。マッチョだが、さすがに大学中退後数年という二十代の若者を演じるには苦しいところがある。「年とるのが怖くて若いフリしてるだけさ」「鏡を買ってよく見るのね」「そろそろ白髪が出るころだよ」と、あえて原作にはないセリフでローズマリーがハルを罵倒するのは、製作側も主役の歳を気にしていたからのような気がするのは、さすがに深読みしすぎだろうか。

ハラルト・ブラウン『新しい鐘』

高橋健二訳、一九五五年

一九五五年ごろでもノベライズ自体が珍しかったわけではないと思うので、訳者が「あとがき」

ハラルト・ブラウン『新しい鐘』

でハラルト・ブラウン（Harald Braun、一九〇一―六〇）を「新しい型の作家」と記述しているのは、自らが監督もした自作の映画シナリオを、自分の手で小説化したということを指しているのだろう。残念ながらいまに至るまで本作に基づく西ドイツ映画『Nachtwache』（「夜警」ないし「夜の見張り」の意味）（一九四九年、主演：ルイーズ・ウルリヒ、ハンス・ニルセンほか）を視聴する機会がないが、この邦訳が出たということは、その当時日本国内で上映されたのかもしれない。いずれにせよ、他人の手が入らないだけに、映画と小説の間にしばしば見られる不一致は最小限の形に仕上がっていることだろう。

第二次世界大戦後の西ドイツ。ブルクドルフに赴任してきた精霊教会（プロテスタント）の牧師ヨハネス・ヘーガーは、病院の勤務医コルネーリエ・バーテンハウゼンと知り合う。若い学生から慕われて懸命に働くコルネーリエには暗い過去があった。別れた愛人は戦争に行き、一人で産み育てた二歳の娘を空襲で亡くしていた。そのため彼女は神を信じることができず、牧師の信仰も空疎なものとしか思えない。そんな二人を近づけるのに一役買うのが、牧師の九歳になる天真爛漫な娘ロッテだった。しかし、コルネーリエの元愛人が旅役者となって出現することで、事態は急展開を見せる。謹厳な病院で騒動になったことがきっかけで、牧師は医師の過去を知ることになる。そのしきロッテがブランコから落ちる事故が起きて、手術のかいなく死んでしまう。今度は牧師が神への不信に陥るが……。

　神がいるなら、なぜ最愛の子供を死なせるのか。神に見捨てられたと確信した牧師は、教会の塔から身を投げる寸前まで追い詰められる。しかし土壇場で彼は気が付く。「人間によって考え出された神、善人を助け、悪人を罰する、人間の流儀に従って裁く、正しい裁き手であった」神の実在を否定し、「神は恐ろしい神である。その正義はちがった種類のものである。その愛は受取でも、所有でも、保証でもないのだ！　神は果てしもなく遠く、考え出すことも、推しはかることもできない。だが、この遠さがそれでまたひとつの慰めなのだ。なぜなら、それはあらゆる知性も理性も超越しているのだから」と考えるに至る。「この暗黒の中でこそ、神さまは私たちを待っているので、あるから、「尋ねることなしに」「神さまの手の中へ落ちる」ことがなすべき唯一のことであり、死は終わりではなく、「私たちの手から奪われた子どもは失われた」のではなく、「おそれるな、ただ信ぜよ」というイエスがヤイロに語った言葉にこそ真実があることを悟るのである。小説の最後で、牧師自身の回復した信仰と大いなる愛の力は、打ちのめされ幻滅し信仰を失っていたコルネーリエをキリストのもとに帰還させるであろうことが暗示される。折しも戦災で失われた精霊教会の鐘が新しく付け替えられて鳴り響くのである。

　信仰を持つことの意味について深く考えさせられる、宗教の問題にストレートに切り込んだ作品である。同時に戦後復興期のドイツにあって、カトリックの司祭イムホップがプロテスタント教会と力を合わせて町の復興に尽力しようとする姿など、それぞれの立場を超えて不幸のなかでひたむきに生きる人々の姿にも胸が熱くなる。いつかぜひ映画版を鑑賞したいと切に願う次第である。

エドモン・ジャルー『子供は知っていた』

江口清訳、一九五六年

エドモン・ジャルー（Edmond Jaloux、一八七八―一九四九）は、四十冊以上に及ぶ小説に加え多種多様な文芸評論でも評価されてアカデミー・フランセーズの会員にもなった巨匠だが、わが国にはほとんど紹介されてこなかったようで、本書（原題は『あとは沈黙……』。一九〇九年フェミナ賞受賞）以外だと、『セシル夫人の恋』（堀口大学訳〔角川文庫〕、角川書店、一九五五年。親本は『セシルの恋』同訳、斎藤書店、一九四七年）ぐらいしか翻訳はないと思われる。堀口大学が角川文庫版「あとがき」で書いているように、「総じて深刻ばやりの現代フランス文壇にあって、ジャルーは珍しくパステル風な淡彩を好む詩的ロマンチスムともいうべき作風の小粋な作家」であり、一読職人的なうまさを感じさせる作風であることが、かえって難解好みの大多数の仏文研究者から注目されなかった原因かもしれない。

全編が幼い子供レオンの視点で書かれている点で、本書はかなり異色作である。中年域に差しかかった父ジョゼフは視野が狭く、虚栄心が強い頑迷な人物で、倉庫に隣接した小さな事務所で井のなかの蛙状態である。姉（子供から見れば叔母）イルマの悪意ある感化を受け、妻の音楽や読書などの楽しみに対して批判的・抑圧的である。まだまだ若い母ジャンヌはそんな父との生活に耐えきれず、子供の教育そっちのけで若い男との恋に走る。ついに不実が露見したある晩に、激しい夫婦げんかの末、ジャンヌは家を飛び出すが、翌朝友人に仲裁されて戻ってくる。単純な父は妻が戻ってきただけで激怒したことも忘れてご満悦だが、レオンは愛する母の傷心ぶりが随所に現れるのを見逃さない。観察眼の鋭いレオンだけが、母がその晩恋人のもとに駆け込んだものの約束を反故にされ裏切られた事実を感じ取る。歳月が流れ、両親ともに亡くしたレオンは、ある日、以前一度だけ見かけたかつての母の恋人と出会う。彼も喪服を着ていた母親似のレオンを認める。

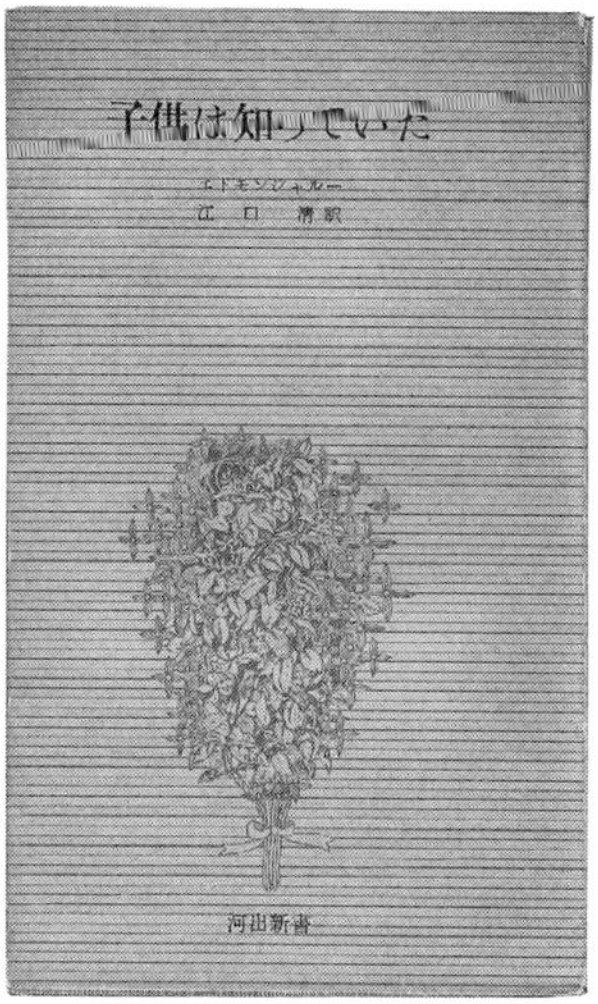

エドモン・ジャルー『子供は知っていた』

　とつぜん、かれは立ち上がって、ぼくのほうへ来かけました。が、途中でやめて。給仕《ガルソン》を呼びました。給仕の来ようが遅かったので、どんなにかれはじりじりしていたことでしょう。かれは、いっそう淋しげに見えました。かれは眼の前に、その若かりし頃、自分の抱いた愛情、卑劣な振舞い、それらのにがい、暗い数々の思い出を、思い浮かべたのではないでしょうか？

勘定を払うとかれは、ふり向きもせずに、疲労した前こごみの姿勢で、出ていきました……そのときぼくは、この男こそこの世でたった一人の、ぼくの心のなかでいまだに生き続けている女性をなおときどき思いだしている、たった一人の男であるという不思議な考えに捉えられたのです。

そのときふとぼくは、なぜかれに近づいて、旧友に対してするように、あっさりとその手を握らなかったのかと、大きな悔みをひしひしと感じたのでした。


夕闇が濃くなるなかを母ジャンヌが思いを込めてピアノを弾き続けるシーンなど、随所のさりげない描写にも感傷的なまでの抒情が満ちあふれているが、とりわけ余韻を漂わせる先に引用した小説の終結部などは、まさしく「パステル風な淡彩」「詩的ロマンチスム」そのものであり、完成度の高さに強い感銘を受けた。何らかの形での再刊を強く希望したい。

最後に蛇足を二つ。本訳書は最初「婦人公論」（中央公論社）に抄訳が掲載され、ラジオドラマとしても放送されたということだ。噂には聞いていたが、当時の「婦人公論」の高尚さに驚かされた。また原題の『あとは沈黙……』は、『ハムレット』第五幕第二場の終わり近くの、ハムレットが息絶えるときの有名な臨終のセリフから取られている。いろいろな意味にとれそうだが、母の思い出は自分だけの心にとどめ、口外することなく生きていこうとする決意のようなものが込められているように思える。それじゃ売れないよと言われそうだが、直截的すぎるいまのタイトルよりも、謎めいた原題での出版も面白かったのではないだろうか。

ペーター・メンデルスゾーン『哀愁のアルカーディア』

川崎芳隆訳、一九五六年

はるばるアルゼンチンからドイツ南部の湖のほとりの寄宿学校に来ることになったヴィンセント。年長のマンフレットとは友情で結ばれ、一方で盗賊団と称しているグループの対岸の幽霊屋敷への探検にも同行する羽目になる。そこで一人逃げ遅れたヴィンセントは、謎の美女マリアンヌと出会う。どうやら老男爵に監禁され結婚を強要されているらしい。ある日マリアンヌから助けを求める手紙が届き、ヴィンセントが駆け付けると……。

本書はジュリアン・デュヴィヴィエ監督によって映画化されたため（『わが青春のマリアンヌ』主演：マリアンヌ・ホルト、一九五五年。キャストを一部変更してフランス版と西ドイツ版が同時並行して作られた。音楽はジャック・イベール。なおこの映画は、松本零士にプロの漫画家になる決心をさせたといわれる）、それを当て込んでいくつかの翻訳が林立した。映画と同じ『わが青春のマリアンヌ』の邦題で、雲井書店版（大野俊一訳、一九五五年）、ハヤカワ・ポケット・ブックス版（小松太郎訳

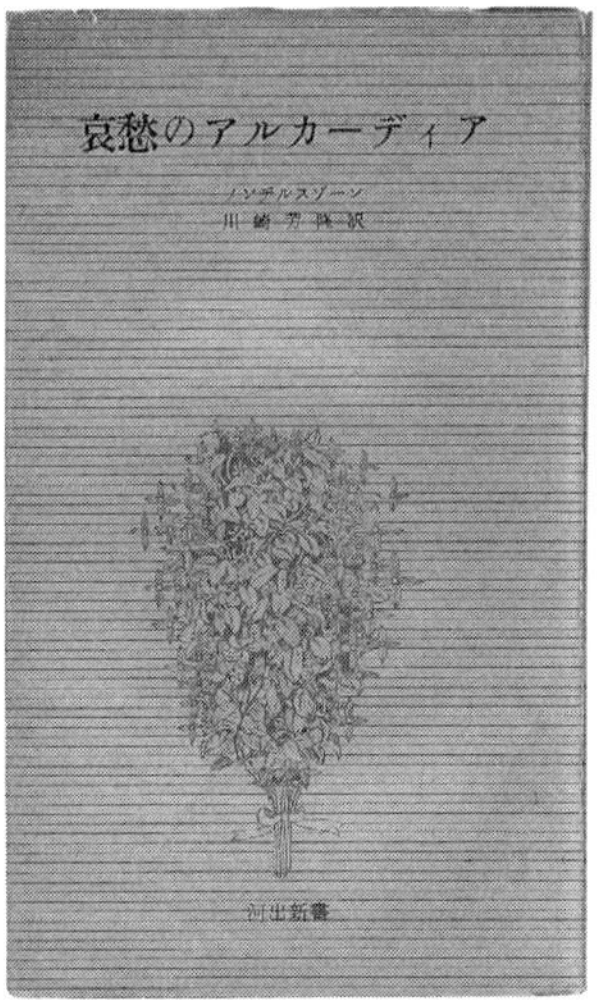

ペーター・メンデルスゾーン『哀愁のアルカーディア』

〔Hayakawa pocket books〕、早川書房、一九五五年）、三笠書房版（岡田真吉訳、一九五五年）が、本書に先行して刊行されている。大手版元もからんでいるが、翻訳権はいったいどうなっていたのだろう。

映画版と原作小説は細部にわたっていろいろな違いがある。最大の違いは助けを求める手紙を受け取り、ヴィンセントが徒歩でまる一日かけて二度目の屋敷訪問を成し遂げたクライマックスのシーン。原作では、一緒にフランスへ逃げようと約束するものの、疲れて眠ってしまったヴィンセントに「感謝してますの、許してね」の置き手紙を残して、マリアンヌだけが夜明け前に屋敷を去る。帰宅して女の失踪を知った男爵（シュヴァリエと映画では名付けられる）は、ショックを受けて卒中で死ぬ。映画では、隔離され結婚を強制されていると主張しているマリアンヌが実は狂人であると男爵がヴィンセントに語り、一度は彼にそれを信じ込ませるシーンがあり、さらにいったんはたたき出されたヴィンセントがマンフレットとともに再度屋敷に乗り込むと、そこはもぬけの殻だったという決着になっている。

そのほか、原作ではラストシーンでシハイリゲンシュタット城の寄宿学校を去るのは卒業するマンフレットであり、映画だと母がいるチューリヒへ行くヴィンセントである。盗賊団とヴィンセントとの関係も微妙に変化が加えてあり、映画では誠実なヴィンセントの人格に比べて独断的で卑劣なところがある隊長アレクシスの権威がだんだんと揺らいでいく過程が描かれるが、原作では同室の隊員ヤンだけがヴィンセントに好意的な態度をとり、隊員たちのリンチをやめさせ、隊長とヴィンセントの一対一のけんかを実現させ、これにヴィンセントが勝利する。映画ではマリアンヌからの助けを求める手紙を盗賊団の隊長が開封するが、原作では開封を主張する仲間を抑えて隊長がヴィンセントの年少の友人フェリックスに手紙を返してやる。殴り合いで負けて、「ヴィンセントは卑怯者ではない」と宣言させられた彼の意地のようなものだろう。映画では嵐の夜や湖の岸辺で客人の紳士の娘リーゼロッテが心を寄せるヴィンセントに積極的に迫り、拒まれると彼が飼っている子鹿を殺すが、これらは原作には存在しない。またヴィンセントとはそりが合わないマンフレットの友人「もさ公」「眼鏡」の二人は映画ではほとんど登場しない。

これら一連の改変によって、ストーリーはより整理されて見通しがよくなっている印象だ。また映画版ではマリアンヌがさらに謎めいた存在になり、屋敷に唯一残された肖像画を抱きしめる原作にないシーンには哀感がこもり涙を誘う。寄宿学校がある城のロケ地はホーエン・シュヴァンガウ城。白鳥の城ノイシュヴァンシュタイン城の隣に立つ、マクシミリアン二世（ルートヴィヒ二世の父）が改築したバイエルン王家の城で、寄宿学校にはいくらなんでも立派すぎるが、モノクロ映画が幸いしてそれも受け入れられる。キャスティングも成功している。ホルトの神秘的な美しさは言葉にできないほどであり、屋敷の下男のゲジゲジ眉毛は悪い夢に出てきてうなされそうなレベルだ。巨匠デュヴィヴィエの手腕はさすがであり、脚本に関わった著者ペーター・メンデルスゾーン（Peter de Mendelssohn、一九〇八―八二）もおそらくは映画版の出来に感嘆し、満足したことだろう。

クプリーン

『野性の誘惑──オレーシャ』

和久利誓一訳、一九五六年

はや十年もたってしまったが、二〇一〇年に『ルイブニコフ二等大尉──クプリーン短篇集』（紙谷直機訳〔群像社ライブラリー〕、群像社）が刊行され、表題作はじめ「エメラルド」「ざくろ石の腕輪」といった、翻訳が入手できず読むことがかなわなかった幻の短篇が新訳で読めることになった。かつては文庫で『生活の河──他』（「泥沼」「閑人」「幻覚」併録、昇曙夢訳〔創元文庫〕、創元社、一九五二年）、『決闘』上・下（梅田寛訳〔改造文庫〕、改造社、一九三九年、昇曙夢訳〔創元文庫〕、創元社、一九五二年）、『ヤーマ──魔窟』上・下（昇曙夢訳〔創元文庫〕、創元社、一九五二年）、新書で本書と、二大長篇小説をはじめとするアレクサンドル・イワーノヴィチ・クプリーン（クープリンとも表記、Aleksandr Ivanovich Kuprin、一八七〇──一九三八）の主要作品が書店の棚をにぎわしていたこともあったが、いまや完全に忘却の彼方に去って久しいこの作家を、よくぞ掘り出してくれたものと、本を手にしたときには感動で震えが止まらないほどだった。(1)

『野性の誘惑』は南西ロシアの僻村に半年間滞在して狩りをすることになった有閑階級の男と、村人から迫害されて沼のほとりにひっそりと住む魔女の孫娘オレーシャとの悲恋を主題にした純愛物語で、彼のほかの作品とはかなり趣を異にする。

反戦的な立場から日露戦争の最中に軍隊の無意味な生活を描いて世界的な大ヒットになった『決闘』や、遊郭の内幕を暴露し、様々な階層出身の娼婦と情客を登場させ、そこでの悲劇を写実的かつ同情的に描いて大きな反響を招いた『ヤーマ』など、クプリーンは社会問題を扱った作品でたびたび話題になる人生を歩んだが、本質的にはイワン・ツルゲーネフ、レフ・トルストイといった十九世紀ロシア文学の本流を受け継ぐストーリーテラーでロマンチストだったと思われ、本作はその点で本性に従ってリラックスして書き上げることができた会心作ではないだろうか。森林地や沼沢地の繊細な自然描写などは、情景がまざまざと浮かぶ実に見事なものである。

なお本書の扉には映画のスチール写真が掲載されていて、マリナ・ヴラディ、モーリス・ロネ主演、アンドレ・ミシェル監督によるフランス映画の公開に合わせての翻訳刊行だったようだ。映画については寡聞にして全く知らなかったが、舞台をスウェーデンに移しているなど、ある程度の翻案が加えられているようだ。DVDなども見つからなかったが、いつかは視聴したいものだ。

クプリーン『野性の誘惑――オレーシャ』

注

（1）さらに二〇二〇年には『猫のユーユー――クープリン短編選』（サブリナ・エレオノーラ／豊田菜穂子訳〔群像社ライブラリー〕、群像社）も出版された。

第4章

＊

英米名作ライブラリー

（英宝社）

英宝社は語学教材や翻訳書、英米文学や社会の研究書を出している出版社だが、英米名作ライブラリーで短篇を中心にした英米文学のあまり知られていない作品をかなり網羅して出版したのは偉業だった。本書では他社の文庫などでは読めない作品を中心に紹介したため割愛したが、知るかぎり以下を刊行していた。

ヘンリィ・ジェイムズ『四度の出会い・初老』（沖田一／水之江有義訳、一九五六年）

スティーヴン・クレーン／アンブローズ・ビアス『青いホテル・豹の眼』（大橋健三郎／林信行訳、一九五六年）

ウィリアム・フォークナー『エミリーへの薔薇・猟犬』（高橋正雄／大橋吉之輔訳、一九五六年）

シャーウッド・アンダスン『女になつた男・卵』（谷口陸男／宮崎芳三訳、一九五六年）

スタインベック『菊・大連峰』（阪田勝三／森清訳、一九五六年）

ヴァージニア・ウルフ『月曜日か火曜日・フラッシュ』（大沢実／柴田徹士／吉田安雄訳、一九五六年）

アーネスト・ヘミングウェイ『白い象のような山々・鱒釣り』（福田実／米田一彦訳、一九五六年）

フランク・ノリス／ジャック・ロンドン『小麦相場・たき火』（小野協一／滝川元男訳、一九五六年）

オルダス・ハックスレイ『ジョコンダの微笑・尼僧と昼食』（上田保／山内邦臣／三浦孝之助訳、一九五六年）

オルダス・ハックスレイ『ラリーの死・リットルメキシカン』（瀬尾裕／矢島剛一訳、一九五八年）

ジョゼフ・コンラッド『潟・エイミィ・フォスター』（佐伯彰一／増田義郎訳、一九五六年）

ジョウゼフ・コンラッド『諜報員・武人の魂』（白井俊隆／間杉貞訳、一九六八年）

F・S・フィッツゼラルド『冬の夢・罪の許し』（西和世／森岡栄訳、一九五六年）
ウィルキィ・コリンズ『夢の魔女・黒い小屋』（鷲巣尚／才野重雄／鈴木四郎訳、一九五六年）
コールドウェル『苺つみの季節・馬盗人』（鈴木重吉／飯沼馨／永原誠訳、一九五七年）
コールドウェル『混血の娘・わびしき日』（皆河宗一訳、一九六八年）
D・H・ロレンス『英国よわが英国よ・白い靴下』（村岡勇／日高八郎訳、一九五七年）
エリザベス・ボウエン『最後の夜・リンゴの木』（松村達雄／土井治訳、一九五七年）
H・G・ウェルズ『ダイヤモンドをつくる男・盲人の国』（飯島隆／窪田鎮夫訳、一九五七年）
E・M・フォースター『天国行の乗合馬車・永遠の瞬間』（村上至孝／米田一彦訳、一九五七年）
ハーマン・メルヴィル『魔の群島・バートルビイ』（寺田建比古／桂田重利訳、一九五七年）
ウィリアム・サロイアン『笑うサム・心高原にあるもの』（斎藤数衛／吉田三雄訳、一九五七年）
サキ『丘の音楽・宿命の犬』（山田昌司／和田勇一訳、一九五八年）
カースン・マッカラーズ／ジェイムズ・ファレル『哀れなカフェの物語・サラサの靴』（山下修／嶋忠正訳、一九五九年）
アーネスト・ダウソン『ブリタニに咲くりんごの花』（岡田幸一／坂本和男／来住正三訳、一九六一年）
アーウィン・ショー『娘ごころ・フランス風に』（北山顕正／永井裛訳、一九七一年）

ウィラ・キャザー
『ポールの場合・悪い噂』
浜田政二郎／鈴木幸夫訳、一九五六年

ウィラ・キャザーのわが国での受容には不思議なところがある。第3章でも書いたが、文庫や新書に収録された長篇は『ルーシー・ゲイハート』だけときわめて寂しい状況で、そのほかの代表作も近年一部のリバイバルが起こるまでは、すべて絶版で相当に入手困難だった。ところが、私が学生時代に新刊書店で普通に購入した手元の本書は一九八二年八月の第二十刷。なんとほぼ毎年増刷していたことになる。その後どれだけ続いたのかは残念ながらわからないが、キャザーの本としては例外的な売れ行きだったことは間違いない。その理由はネットで検索して判明した。大学の語学テキストとして広く用いられる『ポールの場合・隣人ロジキー』（西川正身注釈〔研究社小英文叢書〕、研究社出版、一九七六年）は本書刊行以前からの定番で、こちらが長く版を重ねていたのである。訳本としての高い需要に支えられ、英米名作ライブラリーとしては異例の長寿本になったのだろう。現在は版元品切れ状態ということは、キャザーを講義する英語教師が減ったということなのだろうか。収録している四編はいずれも名品であり、ぜひ復刊してもらいたいものだ。

巻頭の「彫刻家の葬式」は、東部の都会で彫刻家として成功したハーヴィ・メリックが若くして死に、西部の故郷に列車で届けられるシーンで始まる。頑迷で貪欲で邪《よこしま》な生き方をしてきた地方のボスの老人らからの、死んだ友人へのいわれのない悪口に、弁護士レアドは彼らの精神的腐敗を暴いて強く抗弁する。閉塞した社会の道徳的退廃から脱し偉大な人物となった友人と比較して、かつては同じ志を持ちながら故郷で悪の慣習に染まって生きてきた自分への嫌悪感をぶつけるように。レアドの鋭利な糾弾は実のところ自らに向けられていて、痛々しく突き刺さるさまが眼前に浮かぶ。

「悪い噂」は百貨店を経営する富豪のスタインが、高名なオペラ歌手キティのパトロンとして社会に認知されようと、替え玉を使ったり、キティが推している若い歌手にチャンスを与えることを口実に夜会に誘ったりと、様々に悪辣な策を弄して目的を達成していく姿を描いている。歌手が毅然として分別を保とうとしていても、やはり悪人は一枚上手である。

ウィラ・キャサー『ポールの場合・悪い噂』

「ポールの場合」はキャザー版『ライ麦畑でつかまえて』。学校や家庭での平凡な日常生活に調和できず、歌手や俳優の華やかさに憧れているポール。盗んだお金で家出してニューヨークに行き、憧れだったホテル生活やオペラを満喫するが、事件の発覚が迫り自殺する。サリンジャーの名高い作品同様に、居場所を持てずに苦悩する若者が主人公だが、ポールの場合は単に贅沢や歓楽が好きなだけに思われ、共感できる余地が少ない。
巻末に置かれた中篇の「隣人ロジキー」は真の傑作である。心臓病と医師に告げられてはいるが、妻子に恵まれて幸福に暮らすチェコ移民の農夫ロジキー。都会出身のアメリカ人である長男の妻ポリーの心労をいたわり、夫と町へ映画に行く機会を取り持つなどの気配りをする心優しい人物である。その彼の心臓発作をきっかけに、ロジキー一家に溶け込めていなかったポリーの心が変わっていく。登場人物はすべて善人で、深刻な社会悪も扱わない。凡庸な作家なら生ぬるい作品になるところだが、キャザーの筆は自然体ながら絶妙だ。亡き父に捧げたというこの作品は、雄大な自然とともにまっすぐに生きることへの力強い賛歌になっていて、読者を大いなる感動に誘うのである。

W・H・ハドソン

『パープル・ランド——美わしきかな草原』

柏倉俊三訳、一九七一年

『老木哀話・エル＝オンブ』

柏倉俊三訳、一九五六年

ウィリアム・ヘンリー・ハドソン（William Henry Hudson、一八四一—一九二二）はアメリカ人の両親のもとアルゼンチンで生まれ育ち、イギリスに渡ったのちに著名な鳥類学者になった。オードリー・ヘップバーン主演の映画『緑の館』（監督：メル・ファーラー、配給：MGM、一九五九年）の原作小説など、作家としても知られる。

『パープル・ランド』は、一八八五年に刊行されたハドソンの第一作で、ピカレスク風のロード・ノベルである。主人公のイギリス人リチャード・ラムは駆け落ちしてアルゼンチンからウルグアイに渡り、さらに妻を残して奥地へと職探しの旅に出る。原野に点在する家に一宿一飯を求め、そこで出会った野趣あふれる人々と交流し、様々な冒険や事件に巻き込まれる。最後には反乱軍に加わり敗走するが、イギリス国籍のおかげでからくもウルグアイを脱出する。著者ハドソンは七四年にイギリスに渡り、七六年には三十五歳にして十五歳も年上の妻と結婚し、下宿屋を経営したが失敗、貧困のなかで本書を書き上げたそうである。

W・H・ハドソン『パープル・ランド——美わしきかな草原』

素朴純粋な原始的生活をする人たちと、驚異と発見に満ちた鳥類に代表される自然界。都市文明のなかで疲弊した心中で、南米の草原を駆け巡った青年時代の輝かしい思い出が歳月によって美化され、この小説が誕生したのだ。全編はパープル・ランド（血紅いの国）への熱い愛情に満ちあふれていて、特にリチャードは妻帯者ながら次々と各地の美人に愛される果報者として描かれているため、どこまでが自伝的内容かはともかくとして、小説世界に耽溺しながら著者が筆を進めたことが推察できる。こういう痛快な小説はアメリカ人に受けた。一九一六年刊行の本書の特別版の序文として「紹介のことば」を寄せたのは、なんと元大統領のセオドア・ルーズベルト。棍棒外交を推進した強面のイメージとこの小説はぴったりくる。似たタイプのドナルド・トランプもこの本を読めば気に入るかもしれない。大統領を辞めたらご一読をお勧めしたい。

もう一冊は短篇集で、表題作以外に「斑駒物語」「ニニョ・デアブロ」「マルタ・リケルメ」の三編を収録。「老木哀話」以外の四編を収めたオリジナルの短篇集が刊行されたのは一九〇二年。いずれもハドソン得意の暴力が物を言う南米を舞台にしている。「エル・オンブ」では、軍の上官に裏切られた父の敵討ちに赴いた夫が返り討ちにあったことを知り、その妻が狂人になる。「マルタ・リケルメ」では、インディアンにさらわれて命からがら村に戻った妻が、遊び人の夫から捨てられた悲嘆が高じてカクエという鳥に変身する。人権などなかった時代の女たちの、隷属して生きなくてはならない悲惨な姿が印象に残る。八十歳を目前にした二〇年に刊行された「老木哀話」だけはイギリスが舞台だ。飢える妻子のために羊を盗んだジョニーが、裁判官の虫の居所の悪さから死刑にされる。文明国イギリスには南米以上に弱者に厳しい社会の不条理さがまかり通っているということなのだが、ハドソンはそれを傷つけられた老木の祟りとして描いている。

ハドソンはトーマス・ハーディと一歳違いだった。彼には鳥類学者としての本業があり、その分野の優れたエッセーも多いとはいえ、異国趣味で幻想的色調が売りの小説作品自体は、内容の深みの点で比べられるといささか旗色が悪いところがある。残念だが、個人的にはこれらの本が忘れられていくのも仕方ないところかもしれないと思う。

セオドア・ドライサー『田舎医者・自由』

杉本喬／瀧川元男訳、一九五七年

有名な三大長篇（『ジェニー・ゲルハート』上・下、高垣松雄訳〔新潮文庫〕、新潮社、一九三四年、一九五四年新版、『シスター・キャリー』上・下、村山淳彦〔岩波文庫〕、岩波書店、一九九七年ほか、『アメリカの悲劇』上・下、大久保康雄訳〔新潮文庫〕、新潮社、一九七八年、旧版は全四冊、一九六一年ほか）は面白く読んだが、アメリカを代表する自然主義作家セオドア・ドライサー（Theodore Herman Albert Dreiser、一八七一―一九四五）の短篇小説の評判はさっぱり聞かない。本書だけはかなり前に古書店で埃をかぶっていたのを拾い上げてあったが、全三十一編もある短篇のほかの訳書も見かけた記憶がない。長篇作家に得てしてありがちなことだが、お目当ての長篇を書くためのひな型や、長篇に組み込めなかったエピソードを短篇に仕立てたものが集められている可能性もある。そうだとすると完成度が低かったり、余り物だったりするわけだから、読む前は正直少し気が引けていた。

本書収録作品は四編だが、「暗影」が随一の名品だ。第一部、妻の浮気現場を目撃し、相手と交

セオドア・ドライサー『田舎医者・自由』

わした手紙の束の焼け残りも発見される。夫は確信を持ちながらも決定的証拠がなく、妻を問いただすが、言いくるめられてしまう。妻の浮気を疑わせる行動はその後見られなくなる。第二部、夫に浮気現場を目撃され、相手と交わした手紙の束の焼け残りも発見される。妻は夫に問いただされるが、決定的証拠がないので強気に言い逃れる。凡庸な夫を愛してはいないが、子供の親権を取られたくないので、浮気を続けることを断念する。一連の同一の出来事を夫婦それぞれの視点で対照して書く巧みな手法を採用することで、前半ではわからなかった真実が後半に浮かび上がるが、夫にとって見えているつもりでも、いかに妻の内心が見えていないかが鋭く示されている。ユニークなスタイルで書かれたこの一作だけでも、この本を探して読む価値がある。

「亡妻フィービー」も秀作だ。ほぼ自給自足生活の田舎で、長年連れ添った妻を亡くしたヘンリーが、妻の不在にだんだんと精神をむしばまれ、やがて狂人となって山野を放浪し、ついに妻の幻に誘われて崖から転落死するまでを描いた、全く救いのない作品。家族の死で取り残される孤独の恐怖に正面から切り込んでいて、明日は我が身の可能性があることに思い至らざるをえず、気をめいらせるものがある。

表題作になっている作品のほうの出来が芳しくなく思えるという本は珍しいように思う。「自由」は長年連れ添った妻との結婚生活が失敗で束縛だと感じている夫が、病状が悪化する妻を前にして、ついに自由を手に入れることになると期待する一方で、自らの不謹慎さを責める心情を描く。同じ考えを行ったり来たりするだけで、紙幅のわりに内容はやや散漫だ。「田舎医者」は慈悲深い仁徳あふれる田舎医者の生涯を、いくつかのエピソードを交えてつづったもので、ストーリーの盛り上がりに乏しい。

調べたところ、ドライサーの短篇集としては、『亡き妻フィービ・アルバーティン』（斎藤光／木内信敬訳〔双書・20世紀の珠玉〕、南雲堂、一九六〇年）、『ドライサー短編集・人と作品』（日高正好訳、EM外語研究所、一九八三年）もあり、講談社の『世界文学全集』（第八十七巻、講談社、一九七九年）にほかでは読めない「ルーシア」（橋本福夫訳）、「アーニータ」（井上謙治訳）の二編が収録されているようだ。作品の質に多少バラツキがあるかもしれないが、珠玉作に出合える可能性も高い。今後一冊ずつ探して読む楽しみができたが、できれば全短篇を集めた本が刊行されることを期待したいところである。

ジョン・ゴールズワージィ

『騎士・黒い花』

井上宗次／西台美智雄訳、一九六六年

『サンタルチア・踊ってみせて』

菊池武一／石井康一訳、一九五七年

ノーベル文学賞までもらった偉い作家であることは間違いないのだろうけれど、ジョン・ゴールズワージィ（John Galsworthy、一八六七―一九三三）の作品にはこれまであまり感心したことがない。今日でも文庫で複数の訳が見いだせる唯一の作品、ということは代表作の『林檎の樹』（渡辺万里訳〔新潮文庫〕、新潮社、一九五三年ほか）では、純朴な恋人を裏切る身勝手な男の言い訳たらたらの連続に、そんな恋人とは到底縁遠い学生だった自分はただひたすら辟易した記憶しかない。模試監督のアルバイト代一日分をすべてつぎ込んで購入した、入手困難の角川文庫『フォーサイト家物語』全三巻（臼田昭／石田英二／井上宗次訳〔角川文庫〕、角川書店、一九六一―六二年）も値段ほど感銘を受けなかった。老人による嫁への妄想的な愛をつづる有名な「人生の小春日和」の挿話も、類似テーマでよりドロドロした川端康成の『山の音』と比べてごく上品にまとめてあったが、若造の自分にはまあこんなものかという印象だった。復刊したのを機会に手に取ったはずの『ゴールズワージー短篇集』（増谷外世嗣訳〔新潮文庫〕、新潮社、一九五六年、復刊は一九九四年）も、まるで記憶にないのだ。

今回、それ以来久しぶりにずっと書棚で眠り続けていたこの作家の本を手に取った。この二冊を古書店で買ったのはおそらく三十年以上前で、それぞれ三百円と鉛筆書きがしてある。一冊目には年の差がある恋愛の悲劇を扱った中篇が二つ。「騎士」は初期の秀作ということ。若い嫁をもらって裏切られた過去を持つ零落貴族のブルーン老人は、それでも紳士として寛大と女性崇拝をモットーにしていた。ある晩、酒場で耳に挟んだ女性蔑視の噂話に憤慨して決闘騒動となるが、あえて空に向かって銃を撃ち落命する。騎士道精神に殉じた奇特だが気高い魂を描いていて、理解しがたい気分を超えて涙を誘うものがある。「黒い花」は、実は同名の長篇小説の第一部だけを訳したものである。初老の教授の若妻アンナが学生レナンに恋心を抱き、いったんは首尾よく彼の心をつかむ。しかし、レナンは故郷に帰省して親戚の少女を恋するようになり、そこに乗り込んできたアンナはすべてを知って絶望する。純なものからスタートしたアンナの恋心も、目的を達成しようとして年増ゆえの手管や駆け引きに走りだし、何とも醜悪になっていくのが痛々しい。そんななかで、どこまで状況をわかっているのかさえ表情に見せない世間離れした教授が、達観しているかのようで実は最もしたたかなのかもしれず、不気味で印象に残るキャラクターになっている。この人物をもう少し掘り下げてみるのも面白かったかもしれない。

二冊目は表題作のほか「靴屋」「償い」「花売り娘」「陪審員」「選択」「楽天観」「落雷」「良心」

ジョン・ゴールズワージィ『サンタルチア・踊ってみせて』

「美徳」を収録した短篇集。ゴールズワージィは自らが属した上流の資産階級を描くのを得意としたが、ここには社会劇『争闘』（石田幸太郎訳〔岩波文庫〕、岩波書店、一九三四年）と同系統の、虐げられた底辺層の人々の生活への理解と同情をテーマとした作品を何編か収録している。そのなかで最も読みごたえがあったのは「楽天観」。第一次世界大戦によってドイツ人の夫とのイギリスでの平和な暮らしが破壊され、夫は収容所に入れられ、息子は兵役に取られ、妻と娘は生活に困るという悲惨な状況に置かれる。理不尽な迫害にめげず、一家を村八分にした隣人への愛さえも忘れず、悲劇的な結末にも前向きに生きようとする姿には心打たれるものがある。突如良心に目覚めて雑誌原稿の捏造という仕事を拒否して失業した男を描く「良心」、妻子とささやかな休日のための大切なお金を見ず知らずの商売女の保釈金に使ってしまった男が、妻に責められていろいろな思いに悩む「美徳」の二編は、心理描写が秀逸で二十世紀文学らしさが感じられる。それに比べると「踊ってみせて」と「落雷」での、尼僧マリイやウェイマスの突然の変心は説明不足感が否めず、古風な印象である。英文学史によく書かれていることだが、ゴールズワージィは、アーノルド・ベネットやハーバート・G・ウェルズとともにエドワーディアンとされ、次の世代のジョージアンと比較して、ヴィクトリア朝をひきずった過渡期の保守的作風と評価されているようだが、本書収録の短篇群からもそのことはうかがい知ることができた。

トマス・ウルフ
『大地をおおう蜘蛛の巣』
細入藤太郎訳、一九五七年

私事で恐縮だが、トマス・ウルフ（Thomas Clayton Wolfe、一九〇〇―三八）の代表作『天使よ、故郷を見よ』上・下（大沢衛訳〔新潮文庫〕、新潮社、一九五五年。以下、『天使』と略記）を読んだのは一九八四年の早春、四月からの多忙な新社会人生活を前にして、昼夜を問わず時間を惜しんで読書していた時期だった。理解ある兄を失ったユージン・ガント青年の、青雲の志を抱いて旅立つラストシーンにたどり着いたときの感動は、いまでも生々しく覚えている。脱線が連続する饒舌な天才作家の破天荒ぶりには圧倒されたものだった。爾来三十余年。何冊か買うだけは買ってあったウルフの本をあえてひもとくことはなかった。いつかそのうちと思っているうちに、歳月だけが流れたことに愕然とする。ウルフが早世した年齢をとっくに超え、自分の人生も善かれあしかれ見切りがつきつつある。新型コロナウイルス感染症拡大で旅行さえままならないいまこの機会に、カーソン・マッカラーズ、テネシー・ウィリアムズ、トーマス・ハーディ、イーヴリン・ウォー、オルダス・ハックスリ、アーチボルト・ジョゼフ・クローニンといった青春時代の愛読書を読み直そうと、書棚をまさぐっていて見つけたのがこの本だった。自伝的大長篇を連作したウルフの中・短篇小説集。それこそドライサーの項で書いたように、長篇作家の余技ではとのいささかの不安を抱えて読みだすことになった。

本書の八〇パーセントは表題作の中篇が占める。内容はやはり自伝的なもので、登場人物名こそ変えてあるが『天使』の前半部と重複する作者の父母の物語である。違っているのは、全編が母ディーリア（『天使』でのエライザ）が息子ジョン（同ユージン）に七十年にわたる生涯を回想して語る形式になっていることで、次から次へと話は行きつ戻りつで錯綜する。二歳のときにあった南北戦争で二人のヤンキー（北軍兵士）落伍兵が村に流れてきた話から始まり、夫ウィル（同オリヴァ）と結婚した後で彼に先妻が二人もあった（しかも二番目の妻の義妹とも関係していた）ことを知ったこと、アルコール依存症の夫を病院に入れようとして、クリーニング店に預けてあったシャツを受け取ろうとするが、引換証がないので店員の中国人ともめて警察沙汰になったこと、殺人犯エッドが庭先に迷い込んできて、夫の靴を与えて逃亡を幇助したこと、逃亡に成功したエッドは妻を奪った弁護士を殺そうと狙っていること、最後には相当に高齢のはずのディーリアが双子を出産するところまで、様々なエピソードが思いつくままに語られる。訳者による巻末の「トマス・ウルフの文学」にあるように、「この女性の記憶から、複雑な模様のシシウ〔刺繡のことか?：引用者注〕のように、様々な経験や感情や感慨がおりなされて、一人の人生の豊かな物語となっている」作品であり、「語り手のディーリア・ホークの人間的外観や様子についてはほとんど記述がないにもかかわらず、ぶらぶらと漫歩するようなその物語によって、この女性の性格が明らかに」なっていくところが、作家の技量なのだろう。ただし、読み手のほうで相当に注意深く整理して取り組まないと、何が何だかわからなくなるほどの言葉の洪水におぼれるかもしれない。あと、全編を通じて繰り返し出てくる数字「二つ、二つ、二十…二十」の意味は最後に（一応）明らかにされ、訳者は作品の統一に貢献していると評価しているが、個人的にはあまり成功しているようには感じなかった。読者を選ぶ作家・作品なので、『天使』に圧倒された人に（だけ）ぜひ一読をお勧めしたい佳作である。

ほかの三編「森は暗く、時間のように奇妙に」「遠きものと近きもの」「夜明けのサーカス」については意味がとりづらく、あるいは短篇として完成していないスケッチに思えるので、特記することはない。

パール・バック『天使・新しい道』

高野フミ／石井貞修訳、一九五七年

別項でキャザーの『ポールの場合・悪い噂』が増刷を重ねていたことを書いた。それとは対照的

パール・バック『天使・新しい道』

に、二十年近く探し続けても見つからず（「Amazon マーケットプレイス」で超プレミア価格の売り物はあったが）、筆者が最後まで入手に苦労した本書は、おそらく初刷だけで終わったと考えられる。ナチュラルで秀逸な日本語訳で、多彩な収録作品もそれぞれに面白く、何より類書があるにせよ貴重な作品を含んだパール・サイデンストリッカー・バック（Pearl Sydenstricker Buck、一八九二―一九七三）の初期短篇集という、きわめて価値が高いものであるにもかかわらず、である。もしその理由が大学語学講義の訳本としての需要がなかったためだとしたら、文化度の低さは嘆かわしいものといわざるをえない。もしその理由が本書で一貫して使われている「支那」という（「Word」も変換しない）表記ゆえに版元が増刷を自粛したことにあるならば、残念なこととというほかはない。なお日本版「Wikipedia」［二〇二〇年十月八日アクセス］では本書が『戦える使徒』（原題は Fighting Angel、一九三六年）の翻訳と誤認されていることを注意喚起しておく。

ここに収録している、第一短篇集『最初の妻 その他』（一九三三年）と第二短篇集『いつまでも新しく』（一九四一年）から抜粋された十の短篇は、乳児から大学進学を機に帰国するまでの期間（一八九二―一九一一年）を宣教師の両親と中国・鎮江で過ごし、その後も一九三四年に中国を離れるまでの前半生を中国で宣教師・大学教師として送った経歴が随所に反映された作品群である[1]。

第一短篇集からは「ひだ飾り」「喧嘩」「帰国者」「雨の日」「新しい道」「難民」の六編。そのなかでは、巻頭に置かれた「ひだ飾り」の印象が強烈だ。「愚鈍な妻、死んでゆく甥、無力な甥の若い妻、その三人の子供、という重荷を一人で背負いながら、あらゆる精神的、肉体的苦難のなかで、なお、繊細な感受性と、他人に対し、また自己に対する険しい誠実さを守り通して行く中国人の仕立て屋と、神経の太い、猜疑心の強い、冷酷な白人の女を対称して描」き、「美しい庭園に囲まれた大きい西洋館に住んでいるロー夫人の心の醜さと、アンモニアの臭気の漂う支那人の貧民街に住む仕立て屋の心の美しさとの対比のなかに、外国に住んでその土地の人を理解しようとしない傲慢な白人に対する作者の激しい批難が含まれている」（巻末解説）。不遇な中国人の救いのない辛苦に満ちた生きざまは目をおおわんばかりだが、家族愛から忍従し続ける仕立て屋の精神力には強く心打たれる。また富を持つ者は高圧的に出ればいいと、無理難題を弱者に押し付けて搾取する白人支配階級の冷血さも、一切の斟酌なく描ききっていて、短い作品だが、この一作だけで白人と中国人の相互理解を阻む厳然とした壁が存在するという、バックの哲学が克明に表現されている。それは幻想を抱いて結婚したものの中国人の夫を理解できず、フランスへの帰国を選んだ「帰国者」のマティルダや、祖国愛を持ちながら旧弊な家族制度の圧力に精神的に追い詰められたかつての教え子が、心からの共感を期待して訪れたにもかかわらず、無理解に批判しかしない「雨の日」のヘミングウェイ老教師にも共通したものである。

第二短篇集からは「教訓」「天使」「上海風景」「祖国」の四編が採られているが、白人への視線はやや穏やかになってはいても、依然として根本の部分は変わらない。「天使」では「支那人を理解し得ないまま、年をとるにつれて、支那人に対する忍耐力が弱まり、不満と焦燥の日を送る」ミス・バリーが、犬だと思い込んでいた庭の草をだめにする犯人が中国人の老庭師だったことを知って、ついに切れてしまい自殺する話。「教訓」では経営するミッションスクールに八年間も通ってきた中国人の娘ルウ・ランを、何も理解できない愚鈍な娘と思い込んでいたスタンレー夫妻の思い違いを風刺を込めて描いている。

救いのなさに暗くなる話もあるが、「難民」のように、食べ物がなくても来年の収穫のための種を買うお金には手を付けようとしない中国人の忍耐強さに励まされる作品もある。名品群の名訳であるので、ぜひ何らかの形での復活を望みたい。

注

(1) パール・バック『はじめの妻』(「パール・バック選集」第四巻)、深沢正策訳、創芸社、一九五六年)は第一短篇集からの抜粋で、「はじめの妻」「老母」「雨の日」「大洪水(空しき春・流民・父と母・恵みの河)」「新道路」「神父アンドレア」を収録。「流民」は本書の「難民」、「新道路」は「新しい道」と同一作品なので、三作品が重複する。この翻訳では「中国」という表記を使っている。ちなみに第一短篇集の全訳は『第一夫人』(本間立也訳、改造社、一九三八年)がある。第二短篇集からの翻訳は本書だけと思われ、貴重である。

キャサリン・アン・ポーター『花ひらくユダの木・昼酒』

尾上政次／野崎孝訳、一九五七年

ウィリアム・フォークナーやテネシー・ウィリアムズとともに、一九二〇年代から三〇年代に勃興したアメリカ南部ルネサンス運動の中心的作家として知られるキャサリン・アン・ポーター（Katherine Anne Porter、一八九〇―一九八〇）は、唯一の長篇『愚か者の船』（一九六二年）と、象徴主義的自然主義の技法で磨き上げられた中・短篇小説で知られる寡作な作家である。本書は文庫・新書を通じて唯一のポーター作品集で、第一作品集『花ひらくユダの木』（一九三〇年）からメキシコ時代を題材にした初期の二つの短篇「花ひらくユダの木」と「マリア・コンセプシオン」、第二作品集『幻の馬　幻の騎手』（一九三九年）所収の中篇「昼酒」、そして第三作品集『斜塔その他』（一九四四年）所収の、作家の分身である少女ミランダを主人公とした一連のシリーズに属する「サーカス」「墓」の二つの短篇を収録している。

最も読みごたえがあるのは、やはり「昼酒」だろう。「正義感と男の威厳」（本書解説。以下、同）を信条とするトムソン氏だが、南テキサスにある彼の小農場の経営は芳しくない。そこに寡黙だが働き者のスウェーデン人ヘルトンが流れてきて、その貢献で見違えるほどに事態は改善する。しかし九年後にハッチという男が現れ、兄殺しの狂人ヘルトンを捕らえにきたと宣言する。ヘルトンをボーイ刀で刺そうとしたハッチを止めようとして、トムソンはとっさに斧でハッチを殺してしまった。ヘルトンは近隣の無理解な者たちによって私刑を受けて殺され、裁判で正当防衛が認められたトムソンも、その無実を近所の連中ばかりか家族からも信じてもらえず、最後には「身のあかしを立てるただ一つの方法として猟銃自殺を選ぶ」のだった。

ここでは二つのやりきれない悲劇が語られる。一つはヘルトンの悲劇である。タイトルの「昼酒」とは、ヘルトンが厳しい労働の唯一の息抜きにハーモニカで奏でる故郷のメロディーのこと。ヘルトンは狂人ではなく、おそらくいまで言うならば精神面での障害があったと考えられ、ハーモニカが唯一の友だった。トムソンのしつけの悪い息子たちにハーモニカを壊されたときには、農場にいた間でただ一度の激しい怒りに襲われている。兄を殺したのも、ハーモニカを失くした兄が弁償しようとしなかったことが原因で、常識では理解できないことでも、彼にとってはそれが筋道の立っていることだったのだろう。農場で稼いだお金にはほとんど手を付けず、かなりの大金がたまったところで故郷の母に送金したが、それが警察でもないのに逃亡狂人を捕まえて金を稼ぐ商売人ハッチの知るところとなり、居所が明らかになってしまうのは皮肉である。そして、傷ついたヘルトンはパニックになって暴れたため、田舎者たちに駆り立てられて、狂犬のように痛ましくも殺されてしまうのである。

もう一つはトムソンの悲劇である。彼はこの九年間で人間的に成長を遂げていた。ヘルトンを信頼し厚遇するようになり、ハッチの傲慢で聞く耳を持たない態度に腹を立てるのである。これまで労務者に冷淡・冷酷だったことからは想像できないほどである。その彼がハッチを殺したことによって、精神的に追い詰められていく。表の顔とは裏腹に、妻も息子たちも彼の無実を信じておらず、彼が切に願っている慰めの言葉さえかけない。遺書に「（略）当時予はかたく信じたり、もし予の介入なかりしならば、ハッチ氏はヘルトン氏の命を奪いたりしならんと。予はこれらすべてを裁判長及び陪審員諸氏に申し立て、無罪放免となりしも、それを信ずる者一人すら無し。予が万人の考えるごとき冷血の殺人犯に非ざることを証明し得るはこれ以外の道なし。（略）予は今日に於いてもなし得る唯一のことをなしたりと信じて疑わず（略）」と書いたトムソン氏の無念はいかばかりだろうか。

二つの悲劇の背景にあるのは、当時のアメリカ南部にあった根深い精神的荒廃と偏見、頑迷な保守主義と不寛容である。そしてそれは現代社会でも陽表的ではなくなっているかもしれないが、陰伏しているだけで根絶されてはいない。その意味で本作はいまでも、これからも、みずみずしい生命力を持ち続けると思われる。

ほかの作品について紹介するスペースがなくなったが、もう一つの表題作「花ひらくユダの木」はかなり難解な作で、何度か読み直してようやく話の状況が理解できた気になった。政治犯として捕らえられているユージニオを助けたい女教師のローラだが、仲間のブラジョニはすでに情熱を喪失していて、妻帯者のくせにローラに言い寄ろうとギターを弾くことしかしない。自殺未遂をしたユージニオがローラの夢に現れ、裏切り者と罵りユダの花（セイヨウハナズオウ、イスカリオテのユダが首をくくった木）を食べさせようとする。絶望的な状況下に置かれた革命運動家たちのそれぞれの心の傷を短い文章で象徴的に描き、奥深い世界を展開している珠玉作である。

アーノルド・ベネット
『夜の来客・臨時代役』
出水春三／伊田友作訳、一九五七年

イギリス自然主義の作家アーノルド・ベネット（Enoch Arnold Bennett、一八六七―一九三一）もゴールズワージィ同様にエドワーディアンで、ヴァージニア・ウルフら新しい世代からは、人間心理を欠いた外面しか描けていない旧守派と切り捨てられた人物である。代表作の『二人の女の物語』が岩波文庫に入っている（全三冊、小山東一訳、岩波書店、一九六二―六三年）ものの重版される機会はごくまれで、その文学作品はほぼ忘れられているのに対し、不思議なことに『自己を最高に生かす！』（渡部昇一訳、三笠書房、一九九三年）や『「自分脳」で生きる』（渡部昇一訳、三笠書房、一九八四年）など、啓発本や人生指南本に分類される著書が翻訳刊行されていて、なんだか偉い教祖さまに収まってしまっている。

本書はそんなベネットの貴重な短篇集。収録されているのは表題作以外に「ミミ」「ヴェニスの邸」「風」「死と火と生と」「中年になって」の五編である。作者自身がモーパッサンからの影響を認めているそうだが、本家に比べると人生をリアルに描こうとしても悲惨さには目をつぶっているところがあり、読後感は穏健だ。「風」では、裕福な夫婦が一歳児の娘に対する子育て観でかみ合わず、夫婦仲が険悪になっている。気乗りがしないのに妻の留守に子守をすることになった夫は、乳母車で眠ってしまった娘をほっぽり出してスポーツに興じたが、折しも強まった風雨のために乳母車が飛ばされ……、と、こうくれば悲劇的結末と、仮にそうならなくても夫婦の決定的決裂が必然なはずなのに、ベネットは逆に夫婦の絆が深まる結末を採用しているのだ。好みの問題かもしれないが、これでも自然主義ですと言われると、多少違和感がある。

イギリス風のユーモアを楽しめる作品もある。「夜の来客」も子育て中の夫婦の話で、一人で休暇旅行を楽しみたかった夫アントニーは、いつも強気な妻リュースに押し切られて家族旅行に変更になったことが面白くなく、土壇場になって仮病で旅行をキャンセルする策に出た。ところが旅行社で汽車の切符を手配したファスブルックが実は空き巣泥棒で、留守宅と思って忍び込んでアントニーと鉢合わせする。リュースが彼を旅行会社の人と誤解するので、アントニーは約束したから逃がしてやるが、妻に自分は泥棒だとはっきり言うように迫る。泥棒と知って警察に突き出そうとする妻をいさめて、いつになく強い立場で夫がした約束が絶対であること、愚かしい娘よりも働いている主人を優遇することを主張する……。泥棒と対峙しているはずなのに、上から目線を保って相手をもてあそぶアントニーの肝の据わり方が楽しい佳作である。ただし、恐妻家が一転関白亭主に変身したことがかえって妻の愛情を呼び起こしてハッピーエンドを暗示させる終わりを迎えるところは、好き嫌いが分かれるかもしれない。それ以外だと、実業家の弟が行き掛かり上とはいえ役者の兄の代わりに喜劇の舞台稽古に出演する羽目になるドタバタを描いた「臨時代役」も楽しい一編である。

いちばん印象に残った作品は「中年になって」である。人生の成功者として夫と帆船クルーズ旅行を楽しむティッキーは、偶然寄港した田舎町に住む旧友エリザベスに二十五年ぶりに再会する。その地にひたすら引きこもって暮らす友をはじめは憐れんだティッキーだったが、エリザベスを恋い慕う嫉妬深い夫に彼女が常に見張られていることを知り、そしてエリザベスがそれを幸せと感じていることがわかり、自分のことでやきもち一つやいたことがない夫を前に複雑な心境になるというストーリー。淡々とした筆致で確かにあれこれ登場人物の心理描写が書き込まれてはいないが、特に一定の齢を重ねた読者には、ティッキーの心情を推し量りながら余韻をもって読後感を楽しめる、味わい深い名品である。

シンクレア・ルイス『若者よ東へ行け・貸馬車御者』

上野直蔵／橋口保夫訳、一九五八年

一九三〇年にアメリカ人で初めてノーベル文学賞を受賞したハリー・シンクレア・ルイス（Harry Sinclair Lewis、一八八五—一九五一）は、『本町通り』（一九二〇年）、『バビット』（一九二二年）、『アロースミスの生涯』（一九二五年）、『エルマー・ガントリー』（一九二七年）など、アメリカの田舎町の中産階級、研究者や宗教家などの俗物根性や偽善を風刺・嘲笑した一連の長篇小説で知られ、雑誌などに発表された相当数の短篇小説は片隅に追いやられた感がある。本書はおそらくルイス唯一の邦訳短篇集。珍しいことに一九九四年に重版したようで、本稿執筆時点（二〇二〇年十月十三日）でＨＭＶなどには在庫があるようだ。ただし英宝社の公式サイトで在庫検索しても引っかかってこないので、版元では品切れと思われる。

シンクレア・ルイス『若者よ東へ行け・貸馬車御者』

多くの収録作品に共通しているのは人生のアイロニーである。「土地」では、読者は人生とは何とも思いどおりにいかないものとため息をつくだろう。子供時代から農夫になりたいと願っていたシドニーだったが、自分が果たせなかった夢を息子にかなえてもらうために働いてきた父によって都会での社会的地位がある職に就くことを強要され、都会での華やかな生活を絶対のものとする妻も彼の希望を阻む。彼がうらやんだ生活をしている農夫の叔父は、それとは逆に本当は農業を毛嫌いしていたのだった。「女王の親書」は凡庸な若い田舎の大学講師セリグが、高齢の元上院議員ライダーに気に入られて国際政治上の様々な秘話を聞かされるが、すばらしい著書が書ける材料を得る機会を、傲慢さと色気優先から無に帰してしまう話。覆水盆に返らず、まさにバカにつける薬はないとしか言いようがない。「若者よ東へ行け」では、成り金の父が地方都市の文化振興に入れ込み、凡庸な息子ホイットを芸術家にしようとパリに送る。登場人物たちはそろいもそろって物質至上主義者なのに、文化をありがたがるのが痛いほど滑稽である。「アクセルブロッド青年」では、西部の田舎町に住む七十にもなる老人が一念発起して東部に出てイェール大学に入学する。浮いた存在だったが、ついにジルという友人ができ、本物の芸術(イザイのコンサート!!)を求めて夜通し語り歩くなど、自由で伸びやかな学生生活の楽しさの一端に触れる。しかしここを潮時と悟り、彼は翌日故郷に戻る。書かれてはいないが、失った若さ、もはや取り戻せない歳月に対する無念さが彼の顔にはにじみ出ていたことだろう。

例外的な作風のものも収録されている。「貸馬車御者」は一風変わった作で、人探しに出かけた法律事務所の職員が、うまく当人にあしらわれるというユーモアを感じさせる作品。さらに異色なのは初期の「柳の並木道」で、これは双子の兄弟の存在を偽装して銀行のお金を盗んだ出納係の心理的な動揺がテーマになっている。

長篇小説のように、くどいほどに対象を批判的に描き重ねることで強烈な読後感を与えるわけではないが、これらの短篇群もルイス独特のスタイルをよく表していて一読の価値がある。

H・E・ベイツ『象のなる木・死者の美』

鷲巣尚／坂本幸児訳、一九六六年

困った。ハーバート・アーネスト・ベイツ（Herbert Ernest Bates、一九〇五―七四）の短篇集を読んでみたが、どう書いたらいいのかちょっと見当がつかない。ただ間違いなさそうなのは、彼の作品に登場する人物の少なくない者が、「自分の考えをうまく表現できない人々、感情の上で飢えていながらその訳が分からない人」（『自選短篇集』はしがき。引用は『ベイツ短篇集』〔八木毅訳、八潮出版社、一九六七年〕による。以下、同）で、そこで描かれるのは「大いに劇的な世界というわけではなく、たいていの場合筋らしい筋はないのである。「多くの物語においては、状況や人物が、いかなる意味においても未決定なまま」に残されるが、そのあたりは八木毅の指摘にあるようにチェーホフに近いものがあるかもしれない。ただし、「そこはかとないユーモアとペーソスをたたえている」と言われると、少なくとも本書の短篇群の読後だと「チェーホフと同じようには……」と正直やや返答に窮する。そして仮に扱う人間への目線に共通点があったにせよ、ウィリアム・サマセット・モームらの短篇とは違ってシニカルなオチに感心させられることがないので、煮えきらず

H・E・ベイツ『象のなる木・死者の美』

つかみどころがない印象を残す。

　最も印象に残ったのは、淡々としたなかに余韻を残す「死者の美」。死を目前にした老妻と看病する職人の夫とのささやかな日常と、ついに死んだ老妻のために懸命に美しい棺を作り上げようとする姿が描かれ、ラストシーンは雪明かりのなか、棺に横たわる妻を眼前に涙する夫の姿がまるで一幅の絵のような美しさである。それほど精緻に描き込まれているわけではないので、読者の想像力に委ねられている部分もあるのだが。それ以外だと、「象のなる木」が佳作だ。故郷を去って世の荒波にもまれる「僕」が、少年のころ交流があった知的障害があるアーティの単調だが平穏な人生を「生活の最も根底的なもの」「人が誰しも理解しようとすることを必要とするすべてを」理解しているように思えてうらやましく感じる。「春の死」も情景が目に浮かぶ。死を間近に控えた狩猟家が、禁猟期間の春ではあるがベッドを抜け出して森の小屋で最後の狩りをしようとたたずむところに少年と少女が偶然出会い、かりそめの交流が生まれる。これら三編だけは一読をお勧めしたい。

　とはいえ、暗く後味が悪く好きになれない作品が多かったのも事実である。「土地」はいまでいう発達障害がある息子が養鶏に熱を上げ、それを支えていたはずの両親が感謝一つされず、家を追い出される話。息子に情がないのは他人の心情を推し量れない障害だから仕方ないわけで、親のほうがあまりに愚かで無防備すぎて、気の毒には思うが話にならない。「海軍大佐」は、殴られた少年が雇い主の大佐の犬を虐待して餓死させようとする話。殺される憐れなカワウソの子や、衰弱していく犬の姿が詳細かつ執拗に描かれ、残酷趣味極まりなく何がいいのか全くわからない。少年が金縛りにあったかのように危機を脱出できない結末も理解しがたい。「橋」では一人のエンジニアの男を下宿屋の姉妹が奪い合う。内気な姉を差し置いて、積極的な妹が射止めるのだが、最初妹は技師を嫌っていたのに、姉憎しから技師にモーションをかける腹黒さにめいらされる。「牛」も救いがない話だ。サアロウ夫人は牛のように働きづけて蓄えたへソクリを夫に持ち逃げされたあげく、夫は殺人で刑務所に入る。息子たちにも見放されてしまい、夫人は未来への希望を失う。「犬とモレンシイ氏」も暗い話。大型犬を飼いたかった夫が、妻の反対に押し切られ、小型犬を飼って世話する羽目になる。鬱々と不満が募ってついに犬を殺そうとするが、寸前に自分のみじめさに気がつく。

最後にベイツのために弁護すれば、日本語で読める短篇集のなかでも、比較的初期作品を集めた本書がいちばん渋く陰鬱な印象で、例えば『クリスマス・ソング』（大津栄一郎訳〔福武文庫〕、福武書店、一九九〇年。親本は『咲けよ、美しきばら』大津栄一郎訳、音羽書房、一九六七年）に収録の短篇群は、田舎の善人たちのシンプルな喜怒哀楽が温かくユーモアを含んだ視線で描かれた作品が多く、最初にベイツを読むならこちらを推奨したい。

ハーバート・リード

『グリーン・チャイルド』

増野正衛訳、一九六八年

イギリスの美術評論家、文芸評論家として著名なハーバート・リード（Sir Herbert Edward Read、一八九三―一九六八）の唯一の小説（一九四七年）。一読して風変わりな設定に驚くが、宮本神酒男氏のブログ「折々の記 グリーン・チルドレンは宇宙人!?」（［http://mikiomiyamoto.bake-neko.net/oriori022x1.htm］［二〇二〇年十月五日アクセス］）によれば、十二世紀にニューバーグのウィリアムが著した『英国できごと史（Historia Rerum Anglicarum）』のなかに記載がある歴史伝承を元ネタとしているということである。

第一章。主人公オリヴィエロが三十年ぶりに南米から故郷のイギリスの村に戻ると、そこで緑色の皮膚をした女性サリーに出会う。一八三〇年ごろに村を去る前に噂だけ聞いたグリーン・チャイルドだった。突然村に出現した四歳くらいの子供は、半ば透き通った緑の皮膚はサボテンの果肉を思わせ、既知の言葉によるコミュニケーションができない。成長しても肉食を一切拒み、生のヒメマスやシイタケを好んで食べる。自分の世界に沈潜して、一切の家事雑用をする能力や正常な性欲を欠いていた。粉屋のニーショウの嫁にさせられて虐待されていたサリーをオリヴィエロは助け出し、二人は川の水とともに地中に沈み込む。第二章では一転して三十年前に戻り、オリヴィエロが南米の辺境ロンカドールでスペイン人独裁者を暗殺して共和制を敷くまでの経緯が語られる。様々な可能性を検討する暗殺計画や、政権奪取後に実行した海賊退治作戦は、どちらも詳細に練られた戦略でなかなかに臨場感がある。第三章は第一章の続きで、地中の洞窟にあるサリー（彼女は自分の本名シーレンを思い出すが）たちの不思議な世界で暮らすうちに、オリヴィエロはそこの価値観に順応し、やがて隠遁して最期のときを迎える。

哲学的な第三章とのギャップが大きく、全体の半分以上の量を占めるピカレスク的な第二章がグリーン・チャイルドと全く関係がないため、個人的にはどうにも奇妙な印象を受けた。ただし付録のグレアム・グリーンの「本書のために」によれば、「栄誉が政治的なものから内面的なものへと移行してゆく」ことがこの本の主題になっていて、「地表の下深いどこかしらにあるという、神秘に包まれた非政治的な国で、結晶岩の洞窟にひとり安座しながら」「死して石化する時を待つ」ことによって、「罪障感や情欲や死への恐怖など」の「いっさいの闘争の動因」が除去されることが語られるわけだから、理想国の建国に尽力し、やがてそれに満たされなくなりイ

ハーバート・リード『グリーン・チャイルド』

ギリスへの帰国を決断するに至るオリヴィエロの波乱の人生経験は語られる必要があるということなのだろうが。

著名評論家の貴重な散文作品ということで、本書（旧版は〔みすず・ぶっくす〕、みすず書房、一九五九年）以外にも、『緑のこども』のタイトルで刊行されている（前川祐一訳〔モダン・クラシックス〕、河出書房新社、一九七五年）。はたして余技を超えるものなのかは、どうかご一読のうえご判断願いたく思う。なお、リードの新書としては『芸術の意味』（滝口修造訳〔みすず・ぶっくす〕、みすず書房、一九五九年）と『自由について』（原題は『実存主義・マルクス主義・無政府主義』万沢遼／大内義一訳〔河出新書〕、河出書房、一九五五年）もあることを付言しておく。

サマセット・モーム

『凪・冬の船旅』

中野好夫／小川和夫訳、一九五五年

『大佐の奥方・母親』

中野好夫／小川和夫訳、一九五五年

『サナトリウム・五十女』

中野好夫／小川和夫訳、一九五六年

ウィリアム・サマセット・モーム（William Somerset Maugham、一八七四―一九六五）最後の短篇集『環境の産物』（一九四七年）を三分冊にして翻訳刊行したのが本書で、親本は同じ英宝社の『モーム傑作選』（英宝社、一九五一年）の第三巻から第五巻。収録作品は、『凪・冬の船旅』が表題作のほか「エピソード」「征服されざる者」の二編、『大佐の奥方・母親』が表題作のほか「根なし草」「幸福な夫婦」「体面」の三編、『サナトリウム・五十女』が表題作のほか「仮象と真実」「思い

サマセット・モーム『凧・冬の船旅』

がけぬ出来事」「ロマンチックな令嬢」「グラスゴウ生れの男」の四編である。本書にも明記されているように、この短篇集は英宝社が翻訳権を取得していたため、新潮社の『サマセット・モーム全集』（全三十一巻＋別巻二、新潮社、一九五四―六四年）や三笠書房の『サマセット・モーム選集』（全十巻、三笠書房、一九五〇―五二年）には収録されなかった。その後も長く他社から翻訳が出ることはなかったが、『モーム短篇選』（上・下、行方昭夫編訳〔岩波文庫〕、岩波書店、二〇〇八年）の下巻に、四編（「サナトリウム」「大佐の奥方」「五十女」「冬の船旅」）が収録され、次いで「征服されざる者」と「サナトリウム」の二編が『ジゴロとジゴレット――モーム傑作選』（金原瑞人訳〔新潮文庫〕、新潮社、二〇一五年）にも収録された。

前記岩波文庫所収の四編は、いずれもこの短篇集での屈指の名品である。結核療養所での人間模様を温かな視線でとらえた、モームには珍しいほのぼの系の「サナトリウム」と、年下の青年との情事と別れを切々と歌う詩集を刊行した、地味一色の妻の知られざる顔に狼狽する大佐の俗物性をシニカルに描く「大佐の奥方」はとりわけ必読の名品だ。ここでは本書（と親本）でしか読めない作品を中心に紹介したい。

「思いがけぬ出来事」は子爵夫人と相愛になったが、不倫が露見した後は捨てられた男の話。男は当初は女が愛してくれていることを信じ、不名誉をすべてかぶっても満足し幸福と感じていたが、やがて愛が虚構で、夫人の保身のために自分が汚物同然に捨てられたことを知ってからは生活が荒れ、南洋の辺地まで流れ着き孤独死に至る。その事実を知らされても表情一つ変えない夫人の冷酷さがすさまじい。「凧」は家庭悲（喜）劇。溺愛するマザコンの息子が結婚しようと連れてきた娘を侮辱する母親。息子は反発するが、子供時代から続いてきた唯一の楽しみである父母との凧上げはやめられない。怒り心頭に発した嫁が凧を破壊すると、息子は妻を捨て、牢屋に入れられても慰謝料としての生活費を妻に払わない姿勢を貫く。偏執狂に近いほどに何か一つのことだけにこだわる人はかくも難しいもので、鉄道模型を妻が勝手に捨てたら夫がおかしくなったという、ネット上で有名な書き込みを思い出した。

ほとんどが戦後の執筆ということで、すでに七十歳を超え、人生を知りつくした短篇小説の名手による、自由闊達な職人芸がここでは味わえる。元来がストーリーの魅力を重んじる作風だったが、読者の反応を見透かすかのように完璧なまでに仕上げられた壮年期の作品とは違って、これらの短篇では一見書きたいように書いただけの素っ気なさを感じることもあるが、技量にうならされるという点では衰えは全く感じさせない。舞台に南洋（ボルネオの奥地での妻の裏切りと報復を描く「根なし草」と前記「思いがけぬ出来事」）やスペイン（全く異色の怪奇小説「グラスゴウ生れの男」、息子への溺愛が裏切られて凶行に走る「母親」、妻の裏切りを知って相手の男を決闘で殺す古風なテーマの「体面」）を選んだ作品が目立つのも、いかにもモームらしい。ただし「征服されざる者」「根なし草」「幸福な夫婦」「体面」「母親」「五十女」と、全十五編中六編に殺人（親殺しや嬰児殺しも含む）が出てくるところなどは、大戦直後の殺伐とした風潮の影響もあるのか、かつてのモームとは微妙に違う雰囲気を感じた。

第5章

*

白水Uブックス

（白水社）

白水Uブックスの登場は、長らく冷え込んでいた新書による海外文学供給を大々的に復興する偉業にほかならなかった。一九八三年の創刊当時、小田島雄志訳のシェイクスピア全集三十七冊を一気に刊行して愛書家の度肝を抜き、さらに続けて翌年にはドル箱のロジェ・マルタン・デュ・ガール『チボー家の人々』（山内義雄訳、一九八四年）全十三冊やJ・D・サリンジャー『ライ麦畑でつかまえて』（野崎孝訳、一九八四年）が書店に並び、これは「新しい世界の文学」で白水社が出していた海外の名作群が一気にUブックス化されるのではという期待に胸躍ったものだった。ウィリアム・シェイクスピア、『チボー家』、「シュルレアリスム」作品は別装丁だが、ほかはパブロ・ピカソの『Faunskopf』を表紙絵に青とアイボリーの上下二色に統一され、いかにも読書女子が好みそうなおしゃれなものだった。現在は新装丁の白表紙になり、須賀敦子訳のアントニオ・タブッキなど依然として良書を出し続けているが、残念ながら八〇年代に出ていた旧装丁の書目はほとんどが書店から姿を消した。カタログは膨大なためここで列挙することは避けるが、これらは多くが新刊当時から人気があって版数を重ねたため、古書店でもよく見かける。気になる書目の美本を目にしたら、いまのうちにゲットすることを勧めたい。

テネシー・ウィリアムズ

『呪い』

志村正雄／河野一郎訳、一九八四年

アーサー・ミラーと並んで二十世紀アメリカ演劇の第一人者とみなされているので、テネシー・ウィリアムズ（Tennessee Williams、一九一一―八三）は戯曲ばかり創作したと誤解されがちだが、全六冊にも及ぶ「テネシー・ウィリアムズ小説集」が白水社から刊行されていた（一九八一年）ことからもわかるように、実は小説にも相当の力を注いでいた。本書は最初の短篇集『片腕その他』（一九四八年）の邦訳なのだが、「訳者解説」に「川端康成の同名短篇集とまぎらわしいため」あえて改題したと記されている。親本は元をたどると一九七二年の「新しい世界の文学」の一冊であり、七九年には「白水社世界の文学」にも入っているから、Ｕブックス版はなんと十二年の間に四度目の化粧直しということになる。版元にとって一推しの自信作だったということだろう。なお「小説集」収録のほかの作品は現在のところＵブックス化されていない。

表題作「呪い」は読んでいてつらく、切なく、そして読後長く心に響く、掛け値なしの名品だ。主人公ルチオは工場の人員整理で失業し、病院に強制収容され、一週間後にようやく帰宅する。か

テネシー・ウィリアムズ『呪い』

けがえのない友、心の癒やしで生きる支えでもあった猫のニチェヴォ、ゆっくりとミルクを飲む姿を見守ることがルチオの唯一の喜びだった雌猫は、その間に家を追い出されたうえに、脚を失う大けがをしていた……。酔っぱらいの予言者風の老人が登場し、神が間違いを正さない世の中を激しく呪う。利潤追求第一の工場経営者や性欲の塊の下宿の女将のような、どや顔の人間たちに虐げられた者たちを代弁しているかのように。しかしルチオは義憤を誰かにぶつけることさえなく、ようやく出会えた一人と一匹は抱き合って川に入水する。感傷におぼれずドライな訳文も作品の世界にふさわしい。

原著の表題作「片腕」も圧倒的な作品。事故で片腕になったボクサーは男娼になり、やがて殺人罪で収監され、電気椅子による死刑の日を待つ。報道でそのことを知ったかつての客たちからの手紙で、彼らに敗者の魅力からくる感銘を与えていたことを知り、これまで全く無関心だった自分の人生に対する感情を取り戻す。自らの死を意識しだして動揺も見せるが、最後は手紙の束とともに椅子に座り、尊厳とか崇高とかの言葉がふさわしい死を迎える。男色を主題としているため保守的な人には受け入れがたいものがあるだろうが、それにこだわってこの作品を正しく鑑賞しようとしないのは実にもったいないことではないか。ちなみにこの短篇集は扉に「キップに捧ぐ」とあるが、解説に、キップとは「一九四〇年夏にウィリアムズが愛した男性の恋人」と書かれている。そのためか、「片腕」に限らず、男色というテーマはこの短篇集のあちこちに顔をのぞかせる。「欲望と黒人マッサージ師」のように、さすがに抵抗を覚える作品もある。

そのほかすべて取り上げるわけにはいかないが、『ガラスの動物園』（一九四四年）のひな型「ガフスの少女像」、婚約者がいるのに詩人の男と交わってしまった青春の日の過ちを描く「青い子どもたちの原っぱ」、メキシコのホテルに泊まり合わせた独身女性とゲイの作家カップルとの愛憎を描く「イグアナの夜」など、一つひとつが個性的で魅力あふれる計十一編を収録している。

東谷穎人編『スペイン幻想小説傑作集』

一九九二年

現在も刊行され続けている白表紙の「海外小説の誘惑」シリーズが出るまでは、海外作品の白水Uブックスの表紙は青とアイボリーによる上下二色の色分けで統一されていた。ただし特別なシリーズ物の配色は異なっていて、シェイクスピア全集は緑色、『チボー家の人々』は薄いえんじ色、ノンフィクションは茶色、ユーモア・シリーズは黄色が、それぞれ青色の代わりに使われていた。

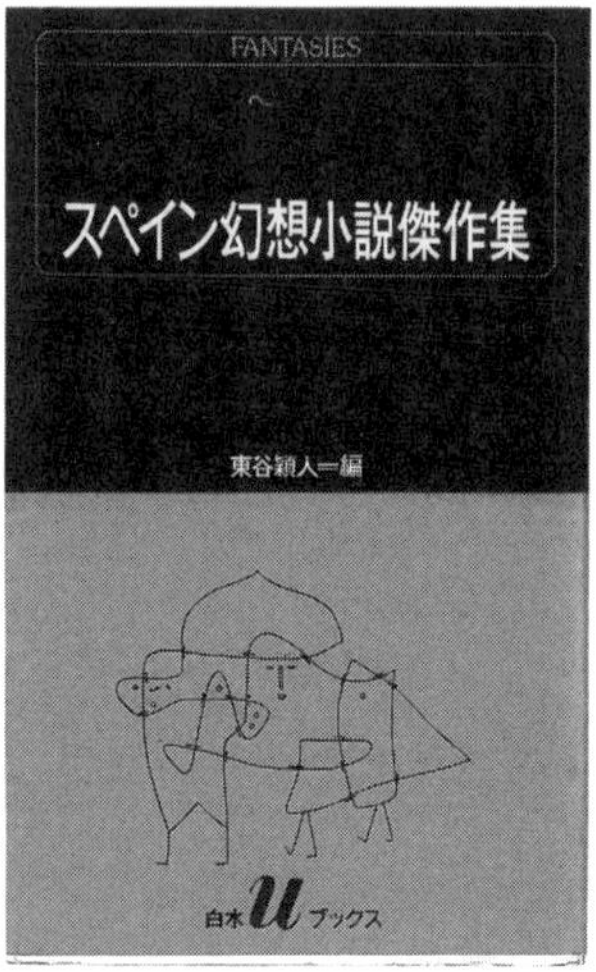

東谷穎人編『スペイン幻想小説傑作集』

そのなかにあって唯一の変わり種が幻想小説傑作集のシリーズで、上半分は黒、下半分は全九冊の一点ごとに色が違えてあった。特別扱いに差別化された装丁を書店で目にするにつけ、版元のこの新シリーズへの意気込みを強く感じたものだった。

　フランス、ドイツ、イギリス、アメリカ、日本Ⅰ・Ⅱ、中国、朝鮮の順で刊行し、最後に出したのがこのスペインの巻。ロシアやイタリアも出るかと期待していたが、結局これで打ち止めになってしまった。とはいえスペインの十九世紀から二十世紀の幻想短篇小説で一冊の新書を出してくれたことに、いまはとても感謝している。刊行後すぐに読んで以来、いまでも忘れられない珠玉作が含まれているからだ。

　年代順に収録されているのは、ホセ・デ・エスプロンセダ「義足」、グスタボ・アドルフォ・ベッケル「僧房からの手紙」、ガスパール・ヌニェス・デ・アルセ「サンチョ・ヒル」、ペドロ・アントニオ・デ・アラルコン「背の高い女」、クラリン「ぼくの葬儀」、ファン・バレラ「人形」、エミリア・パルド・バサン「お守り」「魂の息子」、ラモン・デル・バリェ＝インクラン「ベアトリス」「神秘について」、アルフォンソ・ロドリゲス・カステラオ「ガラスの眼」、ベンセスラオ・フェルナンデス・フローレス「暗闇」、アルバロ・クンケイロ「ポルトガルの雄鶏」、アナ・マリア・マトゥテ「島」の十四編。幻想文学というよりは、ホラー・オカルト小説やユーモア小説に近いものも含まれている。

三十年近く前に私が最も印象に残った作品で、今回再読してもやはりベストに推したいのは、最後に収録された「島」。八歳になるペリーコの両親はお金持ちだが旅行に出てばかりで、日常の世話は婆やのアヤがしていた。ある日ペリーコは学校をさぼり、貧しい庶民が住むエリアに迷い込む。そこで祭り屋台の香具師から島がもらえると言われて、矢の的当てに挑んで成功するが……。歳月が流れ、老人ホームで過去を懐かしむアヤのもとに、あの日のままの姿でペリーコが現れる。自分の島へ行こうと誘うペリーコ。あの日あの瞬間に突然幼くしてこの世を旅立った彼が、深い絆で結ばれていた婆やのお迎えにきたのだった。二人の通い合う心を女性ならではの繊細かつ温かな視線で描き、どこか懐かしさを感じさせてくれる。

いちばん怖かったのはフランツ・カフカ風の「暗闇」。突然不条理にも全世界の明かりが消え、日中なのに真っ暗で火は燃えても明るくはならない。闇のなかで多発的な火事の炎熱だけが迫り、人々はパニックになり逃げ惑う。何の解決も救いもなく、投げ出されたまま突然に終わるのも怖いが、まさしく新型コロナウイルスのパンデミックと基本的には同じ事件だと想起され、そちらの意味でも背筋が寒くなった。

同じ東谷穎人編で、白水Uブックスは一九九六年に、『笑いの騎士団――スペイン・ユーモア文学傑作選』も刊行している。こちらもアラルコン「チク…タク…」や、クラリン「アベシーリャ」など名品がそろっていて、あわせて読むことをお勧めしたい。

アントニオ・タブッキ『遠い水平線』

須賀敦子訳、一九九六年

「コッラード、また、ぼくだ。いっしょに『ピクニック』を観に行って、ふたりともキム・ノヴァクに惚れてしまった日をおぼえてるかい」

ウィリアム・インジの『ピクニック』についての原稿を書き終えた夜、確かこんなセリフがあったはずと、何年か前に読み終えた本を引っ張り出して、ようやく見つけたのは作品の大詰めの箇所だった。そこからのラスト五ページの港町（おそらくジェノヴァ）の夜景描写の、完璧に構築された詩的な美しさに、そのとき一読して圧倒されたことも思い出した。この謎めいた小説のフィナーレをこう持ってくるとは、嫉妬したくなるほどにすごい。須賀敦子の訳文が抜きんでてすばらしいことで、イタリア語がからきしダメな私にも、それが十全に伝わったのだ。

日本でも多くの読者を獲得しているから、イタリアの現代作家アントニオ・タブッキ（Antonio Tabucchi、一九四三―二〇一二）についての紹介はほとんど不要だろう。幻想的な作風で、解釈を読者に委ねているため、ときに狐につままれたような印象を受けることもあった。邦訳があるものは全部読んだが、そのなかでも『遠い水平線』は何かを咀嚼できていない感じが残り続けた、奥深い作品だった。

　病院で遺体管理の仕事をしているスピーノが、警官に銃撃されて死んだ青年の身元を調べ始めるという、推理小説仕立てで始まる。身元捜しの動機は「向こうは死んだのに、こっちは生きているから」「誰にも知られずに死ぬことは二度死ぬことだから」。徐々に真相に近づいていくようで、結局謎は解かれない。捜し続けるなかで思索を重ねるスピーノは、存在するものたちを目に見えないところでつなげている真の関係についての、一つの哲学的な解答にたどり着く。近づけば遠ざかり、永遠にたどり着けないかのようなはるかかなたの水平線。巻末で著者が「わたしの登場人物も、なにかの魔法で、水平線に到達してくれたことをこころから祈っている。彼もまた、遠い水平線を目のなかにもつ人間だったから」と書いているが、これが暗示するのは全存在、世界と人生、宇宙についての永遠の真理なのだろうか。

アントニオ・タブッキ『遠い水平線』

　白水Uブックスのタブッキは五冊刊行されたが、出世作の『インド夜想曲』（須賀敦子訳、一九九三年）、ポルトガルを舞台にした二つの究極至高の作品、圧政への勇気を語る『供述によるとペレイラは…』（須賀敦子訳、二〇〇〇年）と、ノスタルジーとリスボン愛にあふれた『レクイエム――ある幻覚』（鈴木昭裕訳、一九九九年）、この三作は当然のことながら現役。しかし本書は短篇集『逆さまゲーム』（須賀敦子訳、一九九八年）ともども早くも絶版になっている。古書での入手はまだ可能なので、いまのうちに購入されることを強く勧めたい。巻末の訳者のエッセーも絶妙で、今回久しぶりに読み返し、ジュール・ヴェルヌの『海底二万海里』、ずっしりとこころよい重さの児童書版を手に取るために、今日こそは時間を作って書店に行こうと思った。

エッサ・デ・ケイロース『縛り首の丘』

彌永史郎訳、二〇〇〇年

ポルトガル文学のわが国への紹介は長らく寂しいものがあった。単行本では彩流社が孤軍奮闘していたが、文庫や新書でも、ポルトガル最大の詩人フェルナンド・ペソアの『新編 不穏の書、断章』（沢田直訳〔平凡社ライブラリー〕、平凡社、二〇一三年）や、ノーベル賞作家ジョゼ・サラマーゴの『白の闇』（雨沢泰訳〔河出文庫〕、河出書房新社、二〇二〇年）など、近年ようやく秀作の刊行が続いたことは喜ばしい。その流れの先鞭をつけたのが本書だったのだが、惜しむらくはすでに絶版。ただし、いまならまだ親本（一九九六年）ともども古書なら安価で入手できる。これもぜひいまのうちに入手一読を強くお勧めしたい。

ホセ・マリア・デ・エッサ・デ・ケイロース（José Maria de Eça de Queiroz、一八四五―一九〇〇）はコインブラ大学卒の弁護士だったが、転身して外交官としてハバナ、ニューカッスル、ブリストル、パリなどに住み、本業の傍らで小説を書きつづった。五十四歳で死んでしまったために作家としての実働期間は短く、なおかつ遅咲きのために作品数は多くないが、邦訳がある『アマーロ神父の罪』（浜崎いとこ訳〔ポルトガル文学叢書〕、彩流社、二〇〇四年）、『逝く夏――プリモ・バジリオ』（小川尚克訳〔ポルトガル文学叢書〕、彩流社、二〇〇八年）、『都市と田舎――あるいはパリとポルトガル北部の山地』（小川尚克訳〔ポルトガル文学叢書〕、彩流社、二〇一四年）を読んだかぎりでは、巧さを感じさせる秀作がそろっている印象だ。

エッサ・デ・ケイロース『縛り首の丘』

本書には二つの中篇を収録している。表題作は、「絞首刑になり野ざらしになっていた罪人の死体がよみがえり、謀略にはまろうとする青年騎士を身代わりになって助けるという、中世を舞台にした幻想小説」と巻末解説で要約している、完成度が高い名品。原文は「擬古文調の流れるような文体」で書かれているそうで、ダンテやセルバンテスに匹敵する古典がポルトガルにはない渇きを癒やす、さぞかし格調高い文章なのだろう。若い女と結婚した老人が嫉妬に狂い、策におぼれて自滅するストーリーそのものもだが、聖母マリアをまつるセゴビアのピラール教会への信仰心がこの不思議な展開の肝となっているのも、いかにも古風でいい感じだ。これぞポルトガル・クラシックである。

併録しているのは「大官（マンダリン）を殺せ」。リスボンの安月給の官吏テオドーロは、悪魔に誘惑されて卓上ベルを鳴らすことで、はるか中国の大官を殺して莫大な遺産を相続する。しかし殺した大官の幻影に悩まされ、本来の相続人を路頭に迷わせた罪の意識があるため、大金で贅沢しても気が晴れない。ついに遺族に返金しようと中国まで出向く。北京では不道徳にも彼のために尽力してくれているロシア大使の妻に手を出す始末だから、ある意味因果応報で暴徒に襲われる。その際にラザリスト会の修道士に助けられ、修道院で平穏な日々を経験しても、テオドーロには救いが訪れず魂は浄化されない。再びリスボンに戻った彼のもとに、ある晩また悪魔が現れる……。波瀾万丈の冒険譚、古い教訓物語の枠形式にのっとった読みやすい幻想的な作品だが、曖昧な終わり方はいささか疑問で、「縛り首の丘」の完璧な構築美と比べると、かなり分が悪く感じる。

ナタリア・ギンズブルグ『マンゾーニ家の人々』

上・下、須賀敦子訳、二〇一二年

「必ず後悔する。新本は出たときに、古本は見つけたときに買っておかなければならない」。明らかに予算超過でこの先困ることはわかっていても、こう自分に言い聞かせて本を買い続けて四十余年。なぜならば、新刊本が絶版（名目上は品切れ・再版日未定となっていても意味は同じことである）になるサイクルは驚くほど短く、三、四年なんてものさえも珍しくないからだ。それが不人気な本なら、たとえ版元品切れでも店頭にはそこそこ長く残るものだが、それなりに人気がありながら一定部数の重版をするほどではないと判断された本は、ついこの前まで棚にあったはずのものが、気がつくとどこの店に行っても消えている。ネットで検索すれば、しっかりとプレミア価格が付いているのに歯ぎしりする羽目になるのだ。

上・下合わせて六百ページ近い長篇で、合計定価三千円＋税というのは、新書としては重厚すぎたようだ。親本が一九八八年（一九九八年新版）に出たときに熱心な読者は買ってしまっていただろう。須賀敦子の名訳をもってしても売れ行きが芳しくなかったのか、『マンゾーニ家の人々』は

ナタリア・ギンズブルグ『マンゾーニ家の人々』上

本書執筆時の二〇二〇年七月時点で、上巻が絶版。親本ともども適価での入手が難しくなってしまっている。同じUブックスで、より刊行が古い自伝的小説『ある家族の会話』（須賀敦子訳、一九九七年）がまだカタログに生きていることは、大きすぎる穴を埋めることにはならないにせよ、慰めにはなるのだが。

アレッサンドロ・マンゾーニは『いいなづけ』（平川祐弘訳〔河出文庫〕、河出書房新社、二〇〇六年、ほか）で知られる、十九世紀イタリアの国民的作家。ちなみにジュゼッペ・ヴェルディの『レクイエム』が、彼を追悼して作曲されたことも有名だ。本書はその家族の生涯を、残された書簡などを使って再構成した、ちょっと風変わりな作品である。最初はともかく、登場人物の世界に入ってしまえばもう本を置くことが困難なほど、波乱のドラマには強烈に引き付けられるものがある。十九世紀から二十世紀の初めに生きるということの、現代人には想像できない苛烈さを終始淡々と描いている著者ナタリア・ギンズブルグ（Natalia Ginzburg、一九一六—九一）の筆力はさすがというほかない。さて偉人マンゾーニは意外にも家庭内では我関せずの無責任な傍観者であり、最低レベルの継母テレーサ（性根の悪いエゴイストそのもの）に遭遇した子供たちが哀れでならない。下の息子二人はごくつぶしのろくでなしになり、娘たちの多くは早世する。小説の終わり近く、末の娘マティルデ（六女）は薬代や医療費がかさむことを気にし、義兄に経済的な負担をかけ続ける後ろめたさに苦悩する。そして会いにきてほしいと哀訴する最期の願いさえも、父に退けられる。書いた本は社会的には立派とされているとはいえ（明らかにフランスなどと比べて同時代のイタリアに大した作家がいなかったゆえの過大評価だと思えるが）、マンゾーニという男は唾棄すべき真のクソ野郎だと思う。

書簡体小説というと、古くさいサミュエル・リチャードソンの『パミラ』とかジャン＝ジャック・ルソーの『新エロイーズ』の破滅的に退屈な往復書簡を連想して敬遠してしまいがちだが、本書でも見られるように、ギンズブルグは多数の人間が相互に交わした書簡を駆使することを通して、人間関係の全体像を浮かび上がらせる手法に秀でた独特の力量を持つ作家である。いずれも絶版になってしまっているが、『拝啓ミケーレ君』（千種堅訳、早川書房、一九八二年）や『モンテ・フェルモの丘の家』（須賀敦子訳〔ちくま文庫〕、筑摩書房、一九九八年）など、ぜひ機会があったら一読されることをお勧めしたい。

第6章

*

マイナー新書の名作群

第一次新書ブームの折に登場した新書には、数点の刊行に終わったものも少なくない。またその後も白水Uブックスの成功に刺激されて、新書サイズの翻訳文学を出した出版社も少しながらあった。ここでその一部を版元の五十音順に紹介するが、これ以外にも私が知らない新書判の海外文学もあったことだろう。調査をすればするほど、意外な鉱脈に突き当たるのである。

大多数のネット通販での取り扱いこそ終了しているものの、版元に確認したらまだ在庫ありということで紹介しなかった新書に、二〇〇八年に刊行を開始したプレスポート・北欧文化通信社の「1000点世界文学大系」というシリーズがある。特にウルホ・ケッコネン元フィンランド大統領の妻シルヴィ・ケッコネンによるフィンランド版『女の一生』といえる『アマリア』（シルヴィ・ケッコネン、坂井玲子訳〔1000点世界文学大系、北欧篇〕、北欧文化通信社、二〇〇八年）、そしてスウェーデンの現代作家スティーグ・クラーソンによる独居老人問題に切り込んだ『棕梠の葉とバラの花――独居老女悲話』（スティーグ・クラーソン、横山民司訳〔1000点世界文学大系、北欧篇〕、北欧文化通信社、二〇〇九年）の二冊をお勧めしておきたい。縦長の新書判なのに、文字が横組みというのに驚かされること請け合いである。

ジャン・ラフィット

『黄水仙をつみに帰ろう――小説』

関義訳（青木新書）、青木書店、一九五四年

マルクス主義関連の文献を多く出版していた青木書店からはかつて青木文庫が出ていて、プロレタリア文学やソ連や中国のレアな文学作品を読むことができた。その一方で青木新書ではアレン・オースチン『アメリカ労働運動の歩み』、末川博『教育・学問・自由』、宮川澄『労働法入門』など、人文・社会科学の教養書を出していたが、どういうわけか一冊だけ小説が紛れ込んでいた。

検索すると十八世紀から十九世紀メキシコの海賊やカトリック聖職者ばかりが引っかかってきて紛らわしいが、ジャン・ラフィット（Jean Laffitte、一九一〇―二〇〇四）については以下の経歴を知ることができた。南西フランスのアニャックの労働者階級に生まれる。一九三三年に共産党員になり、第二次世界大戦中はパルチザン活動をおこなったが、四二年にナチスに捕らえられて強制収容所に送られた。ちなみに彼の妻マドレーヌもパルチザンの闘士で、アウシュヴィッツに送られ獄死している。戦後はその体験を土台にした抵抗小説を多数発表する傍ら、四九年から五六年には世界平和会議の書記長を務めた。

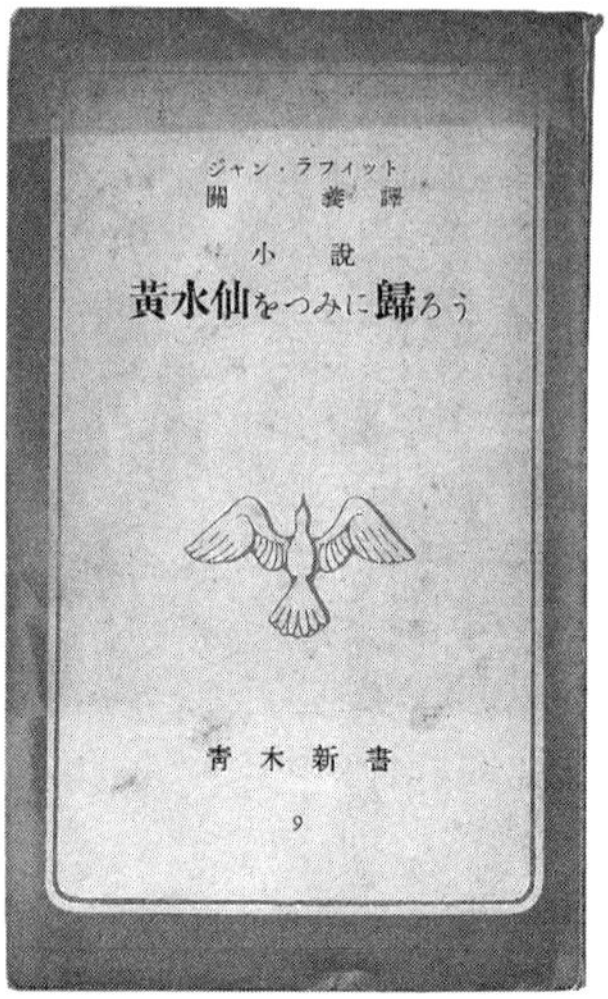

ジャン・ラフィット『黄水仙をつみに帰ろう――小説』

本書の舞台は一九四二年、ドイツ占領下のフランス。パリ郊外サント・アシーズのドイツ海軍送信所の送電鉄塔爆破事件に取材した小説であり、事実を織り交ぜたフィクションになっている。「スピードあるルポルタージュふうの描出方法で、映画的でさえある」（「あとがき」）スタイルは、見張りの歩哨の目を盗んで鉄塔の足元に爆薬を仕掛けようとする緊迫した場面でのスリリングな展開に大いに貢献している。後半は味方の裏切りで強制収容所に送られたものの、しぶとく生き延びて帰還するまでが語られ、おそらくは著者の体験を色濃く反映していることと思われる。なお本書の表題は、主人公のレイモンが妻のマルセルに、獄中から秘密裏に送った手紙に書かれていた言葉から取られている。捕らわれる前に約束していた早春の遠足を必ず生きて帰って果たす、という決意が込められているのである。鉄塔を爆破した当の人物はレイモンだと知ったうえでも、あのナチス・ドイツ軍が彼を即刻処刑せず、それどころかドイツ側に利益をもたらした密告者のほうを半殺しにするというのは、実際の収容所を経験した作家に異を唱えるつもりはないが、フィクションとはいえ少し無理な気がしないでもない。また生還してみたら鉄塔爆破はド・ゴール派ロンドン亡命政府の手柄として宣伝されていたというのは、いかにもありそうなひどい話である。

二百二十ページ以上あるが、会話体が多く、緊迫した場面が続くので、あっという間に読めてしまう。機会があれば一読されることをお勧めしたい。

アンナ・ゼーガース『死んだ少女たちの遠足』

上小沢敏博訳、朝日出版社、一九六四年

共産党員だったことでナチスの迫害を受け、一九四一年にメキシコに亡命していたアンナ・ゼーガース（Anna Seghers、一九〇〇―八三）が、戦後すぐの四六年、翌年の帰国を前に発表した新書判で六十四ページしかないこの表題作の短篇小説こそは、この作家の最高傑作である。亡命先のメキシコと、ライン河畔の故郷の町。まだ二つの世界大戦が起こる前の遠い過去と、みんなが死んで一切が灰燼に帰した現在。ネティ（著者ゼーガースの本名）の視点で紡がれる時空を超えた物語にあるのは、正視できないほど残酷な数々の事実だった。

メキシコに亡命したネティは、夏の日差しを浴びて輝く白い建物に引き付けられて入り込み、庭園のシーソーで遊ぶ少女時代の友人レーニとマリアンネに出会う。二人は無二の親友だったが、二十年後にレーニが夫とともに反ヒトラーの地下活動によって捕らえられたとき、ナチの高級将校と

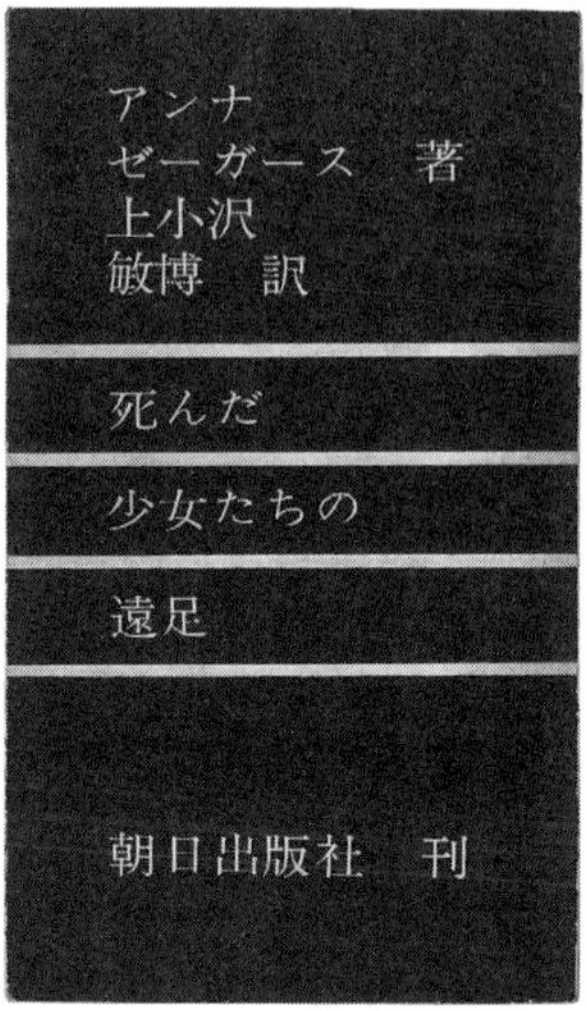

アンナ・ゼーガース『死んだ少女たちの遠足』

結婚していたマリアンネは、「レーニはそのご主人と共々、当然の御仕置きを受けたのです。ヒトラーに背くようなことをしたのですからね」と、レーニの子供を逃がすための援助金を出すことを拒絶した。もしマリアンネが当時恋仲だったオットーと結婚していたら、このような仕打ちは許されなかっただろうが、誠実な青年オットーは第一次世界大戦で戦死してしまっていた。結局レーニは収容所で飢餓と病気のために死に、マリアンネも戦争末期に爆撃による火事で焼死したことを、現在のネティは知っているが、眼前には先生の引率で遠足に来た遠い過去がそのまま展開している。

コーヒーテラスにみんなが集う。若いジッヘル先生の席には、先生を敬愛するノーラが花を飾る。しかし、のちにノーラはユダヤ人禁制のベンチに座ろうとしたというだけで、老いたこの先生を乱暴な言葉で追い払う。昔の生徒たちから唾を吐きかけられ、「ユダヤ人の雌豚」と嘲笑され、最後には先生は収容所へ移送される鉛の封印をされたぎゅうぎゅう詰めの貨車のなかで死ぬのである。遠足で先生に叱られて泣きべそをかいていたゾフィーが、その最期のときに白髪でしわだらけになって一緒にいた。

眼前で菓子を配っている年長で早熟なローレは、後年奔放な生き方をしていたが、ユダヤ人の愛人といるところを情夫のナチス党員に見とがめられ、強制収容所に送ると脅迫されて服毒自殺する。ローレのただ一人の友人イーダは、その後享楽的な生活から足を洗って看護師になったが、ロシアの野戦病院が空爆された際に死んだ。

心優しいゲルダはのちに教師になり、このころからひそかに恋し合っていた少年クラスのネープ先生と結婚する。二人ともワイマール共和国の教育改革を支持し、理想を共有していたが、夫が保身を優先して、メーデーの日に鉤十字の旗を窓から掲げたことにショックを受けて自殺する。他人の恋愛のキューピッド役を演じていたエルゼも、イギリス空軍のマインツ爆撃で、夫と子供三人とともに爆死する。

やがて帰りの汽船に乗り、桟橋を降りて帰宅の途に就くネティ。爆撃で灰燼に帰したはずの故郷の街並みは昔のままである。帰路一緒に歩いたマリーもカタリーナも、そして途中で出会った病気で遠足に行けなかったリーゼも、空爆で家族もろとも焼死したり、つぶれた地下室で圧死したりすることをネティは知っている。

ついに一人になって、自分の家のバルコニーに母がいるのを目にする。階段を上ろうとしても体が言うことを聞かない。暑さを感じる。なぜか七面鳥の突拍子もない叫び声が聞こえる。苦闘しているうちに、気がつくとメキシコの白い家の中庭にいた。ネティはジッヘル先生に、遠足のことを作文に書くようにと言われたことを思い出し、疲れが取れたら早速その宿題をやろうと思った。

わずか三十年あまりの時間の経過は、なんと多くの悲劇を生み出したことだろうか。「戦闘員でなかったこれらの犠牲者たちは、時代があのようでなかったならば幸福に一生を送れた、少なくとも殺されずにすんだ人たち」（訳者「戦争への反省と文学」）だったはずであるのに。「少年や少女の運命が集って故郷の運命や民族の運命を形造る」という著者の言葉にあるように、この短い小説は個々人のそれぞれに悲惨な運命を構築物のように積み重ねることで、あの痛ましい時代、「国家が一旦戦争への道を踏みだすと、個々人の力では小さな抵抗はできても、社会全体の大きな動きはどうしようもなかった」（同）時代を完璧なまでに眼前によみがえらせることに成功している。驚くべき完成度であり、必読の名品である。

なお本書以外にも、長橋芙美子訳が講談社から（『世界文学全集』第九十四巻、一九七六年）、宇多五郎訳が桂書房から（『戦争が終わった時――戦後ドイツ短篇15人集』一九六八年）出ていることを付言しておく。また本書では、反ナチ運動をおこなった共産党員の兄妹を描く短篇「マルガレーテ・ヴォルフの半生」を併録している。

バイロン『ドン・ジュアン』

小川和夫訳（研究社選書）、研究社出版、一九五五年

研究社選書は英米文学のハンディーな研究書シリーズだったが、唯一例外的に収録されていた翻訳文学が本書である。ただしこれは冒頭から全体の五分の一ほどの部分を訳したものであり、完訳は同じ小川和夫訳が冨山房から二分冊で一九九三年に出るのを待たなくてはならなかった。

ジョージ・ゴードン・バイロン（George Gordon Byron、一七八八—一八二四）は高等学校の世界史の教科書にも必ず出てくる有名なイギリスのロマン派詩人だが、長大な韻文作品の翻訳は相当に困難だったと思われる。冨山房版解説によれば、訳者がこの作品にとりかかり、「第一歌」冒頭を試訳したのは一九四〇年。中野好夫の目に留まって励まされたため、ジャーナリズムの世界に身を置きう多忙ななかで少しずつ訳を進め、本書の刊行にこぎつけたのだった。定年後大学に籍を置いてから、ようやく翻訳に専心して残りを訳し終えるまで、結局半世紀以上かかったのである。まさに訳者にとってライフワークというしかない。そう考えれば全二冊合計定価税込み一万一千円という価格設定も高くはないだろう（当時大学院生だった私には厳しいものだったので、のちにもう少し安く古書店で買ったが）。

それでは完訳版が出たいまとなって、部分訳の本書の価値はどこにあるのか。当然ながら訳者は旧訳に手を加えているので、一つにはその違いを比較し、完成稿に至るまでの模索をうかがい知れることがあげられるだろう。「第一編（第一歌）1」、本書（旧訳。なお、ここでは比較のために旧字体はそのままにした）は、次のように訳している。

ヒーローが無くて困るとは、
まことに奇妙な話である、

当節は毎年まいつき続々と
新しいのが現れるが、
新聞をいいかげん賑わせて
腹にもたれてくるころには
世間様にもようやく
化の皮が見えてくる始末だ。
こういう手合の行状を
吹聴する氣にはなれない、
そこで私はおなじみの
ドン・ジュアン君を持ち出そう、
諸君は先刻御存知だ、
パントマイムの立役者で、
あたら壽命のあるものを
惡魔の餌食になった男さ。

これに対し冨山房版（新訳）では、次のように訳している。

ヒーローがなくて困っている、

なまなかの払底ではないのだ、
当節は毎年毎月続々と
新しいのが現れるが、
空念仏《からねんぶつ》で新聞を賑《にぎ》わせて
腹にもたれてくるころには、
世間様にもようやく
化けの皮が見えてくる始末だ。
こういう手合《てあい》の行状を
吹聴する気にはなれない、
そこでわたしはおなじみの
ドン・ジュアン君をもちだそう。
諸君は先刻見物ずみだ、
パントマイムの大団円《おおづめ》で
あたら寿命のあるものを
悪魔の餌食になったところを。

旧字体に抵抗がなければ旧訳も十分読みやすく、日本語としてむしろすっきり頭に入って優れているようにさえ思える。また冒頭二行の原文は「I want a hero: an uncommon want,」なので、当初は普通じゃないのがそもそもヒーローが払底していること自体だったのが、そのこと自体はありうることとしても、払底ぶりが尋常でないと解釈を変更していて、実に興味深いものがある。

M・ソロヴィエフ『草原の嵐』

小野武雄訳(「エンゼル・ブックス」第五巻)、国際文化研究所、一九五七年

フョードル・ソログープ(Fyodor Sologub、一八六三―一九二七)なら知っているが、ミハエル・ソロヴィエフ(Mikhail Soloviev、一九〇八―七九)とは何者ですのん?

この本が店頭に並んだ一九五七年、ほとんどの人はこの本を手にしたとき、私と同じ感想を持ったのではないだろうか。名前からして著者は明らかにロシア系だが、確か小野武雄は英文学者。この時代にはまだまだ普通に見られた重訳本か? なんだかよくわからないままに、二段組み三百六十ページの新書としてはかなり重厚な本をひもといてみる。

本書の原題は「神々が沈黙しているとき(When the God are Silent)」という。「まえがき」には、「ソロヴィエフは一九三二年から第二次世界大戦まで従軍記者として活躍し、大戦中モスクワ防衛線に参加、ドイツ軍の捕虜になったが、逃亡。ドイツ戦線の背後にあって祖国の自由のためにドイツ軍とソ連の共産党を敵として戦った。戦争末期、再びドイツの秘密警察の手にとらえられたが、米軍の到来で死刑を免かれ、一命を完うして五一年妻子とともにアメリカに帰化した」と簡単な著者紹介があるが、これ以上の情報はネットで検索しても引っかかってこない。

作者の分身的存在の主人公マルクは祖国愛が強い熱血漢で、一九〇五年から四五年までの激動の時代を、ロシア全土を舞台に祖国の敵と思われる勢力と戦い続ける。ウクライナの貧農の末っ子に生まれ、革命後の内戦では赤軍に身を投じて手柄を立てる。それが縁でモスクワに出て、青年共産党員としてエリート街道に乗るが、スターリン派とトロツキー派の抗争では友人を失う。極寒の極東に派遣されて都市建設を指揮し、強制収容所の悲惨な実態に直面する。その後クレムリンに勤務し、独裁者ヨシフ・スターリンの前にうごめく役人たちの浅ましい確執を目にして、信じていた共産主義に絶望し、大粛清で危うく死刑になりかける。折しも始まった第二次世界大戦でドイツ軍を背後から攪乱する部隊を任され、絶望的な戦いに挑む……。

M・ソロヴィエフ『草原の嵐』

波瀾万丈の劇的なストーリー展開は何度も山場があり読む者を飽きさせないが、どうにも気になることがいくつかあった。

第一に、登場人物の心情がほとんど掘り下げられておらず、外的事実だけを次々に展開していること。これはおそらく著者が専業の小説家ではないことにも原因があるのだろうが、同時代を扱ったミハイル・ショーロホフ『静かなドン』やアレクセイ・ニコラエヴィッチ・トルストイ『苦悩の中を行く』、あるいはアレクサンドル・ソルジェニーツィン『収容所群島』のような、自然や心理の描写に十分な紙幅を割いてじっくりと書かれた諸作品と比べると、雑に作られた展開が早いテレビドラマを見ているかのような表面的な印象は否めない。

第二に、全三部二十三章の構成だが、七章百八ページの第一部、八章二百四ページの第二部に比べて、第三部が八章あるにもかかわらず四十三ページと極端に短く、まさしくダイジェスト版のようになっていること。著者がアメリカへ帰化した一年後にはこの本が刊行されているので、最後を書き急いだ可能性もあるが、ひょっとしたら紙幅の都合で第三部は抄訳なのかもしれない。

この本で面白いと思ったのは、まずヨシフ・スターリン、レフ・トロツキー、クリメント・ヴォロシーロフ、ニコライ・エジョフなど、実在の人物が多数登場するところである。スターリンはまだトロツキー派と抗争している一九二〇年代前半ごろには、クレムリンでも最も質素な居室に住み、修理にきた大工が「ソビエト政府ってものは、正面から見ないで、後ろから見ると決して悪い政体ではないです」「後から見ると、『お有り難や!』だが、前へ廻って見ると、『助けてえ!』というわけでさあ」といった冗談話にほほ笑みながら耳を傾けている。そのスターリンが十年後には、農業集団化に反抗した実父ら村人たちを裏切って密告し、生き残った村人たちの手で私刑死したポール・モロゾフ少年の碑を建設しろと指示する。端的なエピソード一つひとつが状況の深刻さをうまく表現していると思う。そのほか、クレムリン職員の誕生パーティーにも事前申告が必要で、秘密警察から必ず一人が客として押しかけてくるルールになっていることや、革命以来の功労者が次々といわれなき罪で粛清されていくところなど、読み進むにつれてソ連の恐怖政治の恐ろしさには震撼させられるものがある。

出版から半世紀以上。いまこの本を手に取るなら、二十世紀前半のソ連の歴史を俯瞰できる、よくできた教材としての価値にも着目することをお勧めしたい。

エンゼル・ブックスの版元は国際文化研究所である。刊行点数などは正確には把握できないが、本書は第五巻と書いてあり、巻末には以下の四冊を既刊書目として挙げているから、これらが第一巻から第四巻だろう。

①リチャード・クロッスマン編『神は躓ずく』（村上芳雄訳、一九五六年）
②G・オーウェル『動物農場』（牧野力訳、一九五七年）
③アーサー・ケストラー『行者と人民委員――社会の見方について』（大野木哲郎訳、一九五七年）
④G・ブランデン『赤い花弁』（小野武雄訳、一九五七年）

また第六巻として、版元は鳳映社に代わっているが、

⑥ジョン・F・ダレス『戦争か平和か――ダレス回顧録』（大場正史訳、一九五八年）

が刊行されていたことが、検索の結果判明した。

このうち、①は未見だが、リチャード・クロッスマン編とあり、アンドレ・ジイド、アーサー・ケストラー、イグナツィオ・シローネ、リチャード・ライトの文章を収録している。同タイトルでぺりかん社版（一九六九年）があり、おそらくは復刊と思われる。③はケストラーの評論集で、唯

一の翻訳と思われ貴重である。④については、次項を参照されたい。

G・ブランデン『赤い花弁』

小野武雄訳（「エンゼル・ブックス」第四巻）、国際文化研究所、一九五七年

エンゼル・ブックスの第四巻として刊行された『赤い花弁《はなびら》』は、国内ではいまや完全に忘れられた作品だろう。とはいえ著者のゴッドフレイ・ブランデン（Godfrey Blunden、一九〇六―九六）については、英文の「Wikipedia」があるから、海外ではまだ熱心な読者がいると思われる。オーストラリア出身のジャーナリスト・作家で、第二次世界大戦中はシドニー・デイリー・テレグラフの記者として、一九四一年のイギリス滞在を皮切りに、四二年から四三年にかけては十六カ月間モスクワに滞在、さらにスターリングラードの戦いも取材している。本書の原題は『ルート上の部屋（A Room on the Route）』という。自身の経験に照らし、スターリン治下のモスクワでの様々な階層の人々の閉塞した生活をリアルに描いた本書は、戦後の四六年に出版され好評をもって迎えられたという。「まえがき」では、この小説がアメリカの「タイム」誌で「ソ連を舞台とした小説としては、アーサー・ケストラーの『真昼の暗黒』以来の傑作」と評されたことを紹介している。

大粛清と対ドイツ戦争という、二つの無慈悲で圧倒的な暴力の前に、平凡に暮らしていたはずの市民たちはなし崩し的に破滅していく。ラチェルの夫イワン・ロマンツィエフと息子カールの二人は粛清され捕らわれて拷問を受ける。夫は対ドイツ戦争に駆り出され、敵の戦車めがけて自爆死する。息子は戦場で九死に一生を得て、NKVD（内部人民委員部）の国境警備兵の制服を身にまといモスクワに逃げ延びてスターリン暗殺を企てるが、じゃまが入って果たせずに自死する。ちなみに原題にあるルートとは、祝宴後の深夜に要人を乗せる護送された車が通る、したがって常に監視の目が注がれている大通りを指す。

イワンの戦友だったコスティア・バロフもその戦闘で両足を失う。モスクワに残って四人の幼い子供を食べさせるために必死で働く妻のアンナは、彼の負傷を聞いて動揺する。まもなく退院できると書いてきた夫に、「せっかくだけど帰ってきて頂いても、だめなの。わたしたちには、それだけの食べ物がありませんの。子どもたちは、いつも、飢えています。（略）コスティア、子どもたちが可愛いと思ったら、子どもたちの口からパンを奪い取らないように、帰らないで頂きたいですわ」と返事を書かざるをえなかった。手紙は前線の病院に届いたが、管理人はすぐに破いて捨てた。コスティアはすでに死んでいたからだった。

G・ブランデン『赤い花弁』

カールは子供向け動物物語に偽装した風刺文学の原稿を母親に託したが、それを受け取ったのがアメリカ人のジムミー・ファーガスン。外国人はオペラを上等な席で鑑賞できるなど特権階級扱いだが、常にスパイに見張られている。お気楽な彼は、美少女スパイのヴィタリアとの愛欲におぼれ、もう一人のスパイ、ロシア語の個人レッスン教師ウダノヴァ夫人にカールの原稿を盗られてしまう。限界状況にあるモスクワ市民のなかにあって、著者の分身と思われるファーガスンのクズぶりが痛いほど自虐的に描かれている。

「十人の無罪のものを捕らえるほうが、一人の罪人を放置するより良い」という発想で繰り返される、誰彼かまわぬ予防逮捕。レニングラード攻防戦であったと伝わってくる人肉嗜食などの、目を背けたくなる現実。そのなかで必死に生きる当時のモスクワ市民の生々しいまでの描写こそ、本書の第一の価値だろう。その意味で、ざっくりとしたソ連通史の『草原の嵐』の補完的存在足りうると思う。ただし、いくつものストーリーが並行して語られるスタイルの小説は珍しくはないし、それぞれは基本的に時系列に沿っているので難解ではないものの、人物の関係が釈然としないまま小説世界にいきなり投げ出される感じで、特に前半は読みにくかった。またこの本が出た当時の常識も、七十年以上が過ぎた現在では注釈が必要なものが少なくないことも、難読の一因かと思われる。登場人物一覧表が付いた新訳によって新たな読者を獲得する機会がくることを、著者に代わって願っておきたい。

モーパッサン
『二人の友――他十七篇』
生島遼一／川口篤／河盛好蔵／水野亮／杉捷夫訳（「モーパッサン文庫」第二巻）、小山書店、一九五一年
『山小屋――他十篇』
川口篤／河盛好蔵／水野亮／杉捷夫訳（「モーパッサン文庫」第五巻）、小山書店、一九五一年

文庫なら「ガルシン全集」全三巻（高崎徹訳〔春陽堂世界名作文庫〕、春陽堂、一九三三―三四年）や「イプセン全集」（第一・二・三・五巻〔改造文庫〕、改造社、一九三〇―三二年）のように戦前以来多数の例があるが、一九五〇年代になると新書でも一人の作家の全集ないし選集の企画が登場した。小山書店のモーパッサン文庫（一九五〇―五一年）とチェーホフ文庫（一九五〇年）がそれである。

現在は絶版になってしまっているが、ちくま文庫から全十二冊の「チェーホフ全集」（松下裕訳、九九三―九四年）が出たことで、チェーホフの場合はすべての有名作品の新しい訳を文庫で手に入れることが可能になった。そのうえそこから漏れていた初期の短篇群さえもが同じ松下訳で補完され、『チェーホフ・ユモレスカ』のタイトルで新潮文庫二冊（第一巻二〇〇八年、第二巻二〇〇九年）、さらに「新チェーホフ・ユモレスカ」の副題で中公文庫二冊（『郊外の一日』松下裕訳〔新チェ

ーホフ・ユモレスカ〕、中央公論新社、二〇一五年、『結婚披露宴』松下裕訳〔新チェーホフ・ユモレスカ〕、中央公論新社、二〇一五年）が刊行された。もちろん代表作は岩波文庫などでも近年新訳がいくつも刊行されたので、そもそも全七巻二十七作品とかなり小規模な選集だった小山書店版については、今日一般読者があえて探求する価値はないと思われる。

アンリ・ルネ・アルベール・ギ・ド・モーパッサン（Henri René Albert Guy de Maupassant、一八五〇―九三）のほうはいささか事情が異なる。全巻刊行したチェーホフ文庫と異なり、こちらは全九巻の予定のところ結局出たのは第一・二・三・五・八・九巻の六冊だけだったが、短篇のなかには今日に至るまで他社の文庫に収録されていない作品が含まれているからである。各社から様々な編集で中・短篇を収録した文庫が出ていたという点では疑いなくモーパッサンはチェーホフ以上だろう。各社競って文庫版中・短篇集を出すに際しては、外せない名作とともに必ず他社では読めないマイナー作品を数編は紛れ込ませていたため、調査の結果、戦後出た文庫で少なくとも百五十六作品を読むことができることが判明した。(1) 現役本で最も多くの作品を収録している新潮文庫の三冊本の短篇集（青柳瑞穂訳、一九七一年、二〇一四年改版）が六十五作品であることからも、各社の本一冊一冊にも独自の存在価値があることがわかるというものだ。モーパッサン研究者の足立和彦が「モーパッサンを巡って」（[http://maupassant.info/index.html]〔二〇二〇年七月二日アクセス〕）で公開している作品リストによれば、新発見や異稿なども含めて数え方にもよるが三百十三編の中・短篇があるということだから、文庫で読めるのはそれでも半数程度ということになる。

さて、小山書店版モーパッサン文庫に収録されていて、他社の文庫に一度も収録されなかったのは、第二巻『二人の友――他十七篇』所収の「ジョカスト氏」と「マロッカ」、それに第五巻『山小屋――他十篇』所収の「親殺し」の三編。不義の末に生まれた実の娘と知りながらその魅惑に屈して結婚しようとする男の心理を描く「ジョカスト氏」、同じく不義の子なので捨てられた男が、金銭で罪を償おうと現れた両親を殺す「親殺し」など、十九世紀フランスの乱れた男女関係を象徴する二つの短篇はいかにもモーパッサンらしい佳作だから、他社の選集に採用されていても不思議ではない。これに対して「マロッカ」も姦通を扱った作品だが、「いずれは勿論、黒奴《くろんぼ》の女たちを対手にする順番にはなるだろう。このインキのなかに一寸身体を漬けてみたい欲望を起させるような代物には既に若干お眼にかかっているんだから」（河盛好蔵訳）などと、昨今のご時世では許容されない表現があり、この本が出た当時はともかく、現在ではあえて翻訳を工夫してまで選集に入れようとする選者はいないかもしれない。

モーパッサン『山小屋――他十篇』

安く見かけたら購入をお勧めしたいとはいえ、わずか短篇一つ二つのためにわざわざこの古ぼけた新書本を探す必要はないし、そもそも以前は店頭均一台の常連だったこの本自体、刊行後半世紀以上が過ぎて見かけなくなってきた。読むだけなら本邦初訳三十八編・全作品三百十三編の完全全集と謳われている春陽堂の三冊本全集（一九六五―六六年）があるし、その前身となった十年前の同じ春陽堂の新書判の全集（一九五五―五六年）もある。前者はいまでは稀覯本だが、あれだけの分量の作品をわずか三冊に詰め込んだため、活字が小さいうえに紙質も薄く、残念ながら読みやすさが犠牲になっている。読むことを優先するなら後者のほうに軍配を上げたい。ただし、こちらは全二十一冊予定が十六冊刊行されただけで未完に終わってしまっている。詳細は「モーパッサンを巡って」にある翻訳書誌を参照していただきたいが、欠本になったのは長篇小説の巻が多く、十二冊分が予定されていた短篇集は最後の第十二巻だけが未刊になっている。ちなみに前記三作品はいずれも収録されている（「ジョカスト氏」は第四巻、「マロッカ（マルロッカ）」は第二巻、「親殺し」は第九巻）から、そちらをひもとくのもいい代案と思う。

注

（1）『森の中・秘伝』（丸山熊雄訳〔三笠文庫〕、三笠書房、一九五二年）所収の「枕引き」「和解」の原題がわからず、作品を特定できなかったので、これらはカウントしていない。

アンナ・ゼーガース『決断』

全三巻、道家忠道／北通文／新村浩訳（三一新書）、三一書房、一九六〇年

二〇一八年に山下肇・新村浩訳による代表作『第七の十字架』が岩波文庫に収録され再注目されたアンナ・ゼーガースは、東ドイツの女性作家。戦前から共産党に入り、ナチスを逃れてフランスからメキシコに亡命し、戦後はいったん西ベルリンに居を構えるものの、一九五〇年に東側に移った。壁建設以前のまだ往来が比較的緩やかだった時代に、豊かさや自由を求めて西ベルリンを経由して東側から西側へ多くの人が去ったなかで、あえて逆のルートを選んだことになる。本書は敗戦・分割占領から西側通貨改革、ベルリン封鎖、東西両ドイツの独立と東ドイツ五カ年計画までの激動の時代を背景に、東西ドイツ、アメリカやメキシコまでをも舞台にして、同時並行で相互に絡み合う八十人以上の登場人物の生きざまを描いた重厚長大な小説であり、そうした著者の決断の背景にあったものをうかがい知る材料を随所に提供している作品のように思えてならない。

主要登場人物はスペイン内戦で国際義勇軍として戦った三人の男たち。ローベルト・ローゼとリヒャルト・ハーゲンは幼なじみ。戦場で再会し、同じ収容所で捕虜となる。そこで出会ったのがヘ

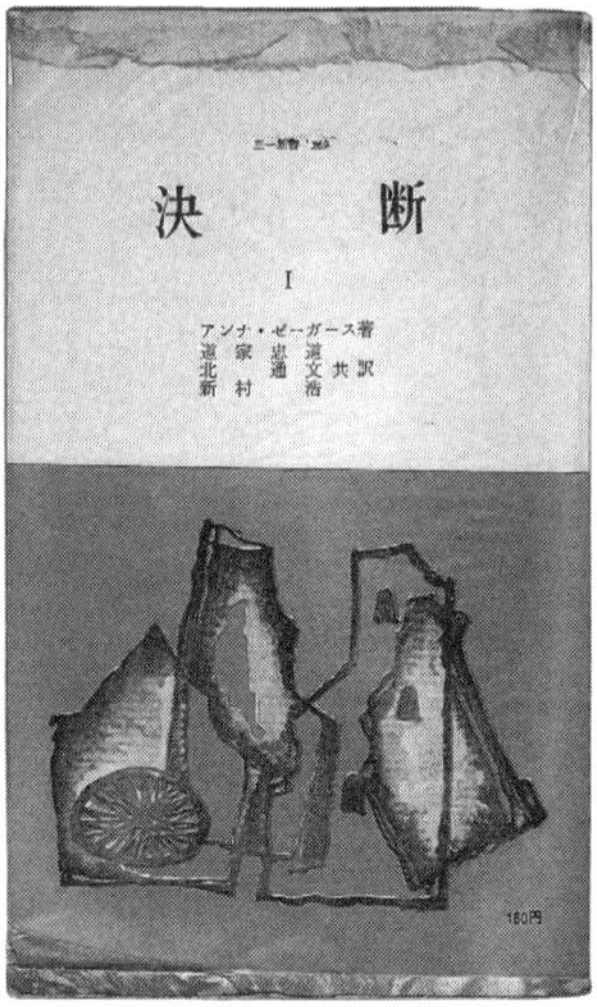

アンナ・ゼーガース『決断』第1巻

ルベルト・メルツァー。三人はそれぞれに脱走するが、ローベルトが働く東側の町コシン製鋼所に党活動家のリヒャルトが演説に訪れ、二人は再会を果たす。

　コシン製鋼所では溶鉱炉や圧延機を再建し、自力で生産を軌道に乗せるべく奮闘しているが、アメリカからの潤沢な資金で豊かになった西側との圧倒的格差を前に、欲にかられ、暴かれるとまずい経歴上の傷を持つ技術者たちが中心となって集団脱出を企てる。西側の工場では、ナチス時代の大資本家ベントハイム家が息を吹き返し、冷戦の最前線に立つべく軍事工業生産を盛り返していた。過去がきちんと清算されなかったため、社長の長男による戦時中の親ナチ行動に恨みを持つ男が暗殺事件を起こし、労働搾取がひどくゼネストも発生した。アメリカに亡命し、スペインでの体験を長篇小説にすることをライフワークとしているヘルベルトは、雑誌社に紀行文を提供する仕事で西ドイツに入り、取材のつもりがゼネストの工員たちに共鳴して先陣を切っているうちに、警官に殴られて死んでしまう。ローベルトは東にとどまり、リヒャルトと自分の恩師だったワルトシュタイン先生を見習い、若い職工たちの教育に力を注ぐ決心をする。

　一九五一年の東ドイツ五カ年計画開始のころまでには、西と東の経済状況の差は歴然としていた。西ではショーウインドーにあらゆる魅惑的な商品が並ぶものの、東ドイツマルクを受け取ってくれる店は多くはなかった。しかし東側には旧権力者による搾取はなく、物はなくとも自分たちの理想があり、ほかの工場との生産競争では一致団結して助け合える美しい労働者の姿がある。全く異なる政治体制と価値観を持つ二つのドイツ。建国期前後にはそのどちらに住むかをある程度選択できた。しかし当初は比較的おおらかだった東西の往来はだんだんと困難になり、分かれて住んでいた技師リードルとカタリーナ夫婦が直面した悲しい結末は、米ソ代理戦争下の分断国家の悲劇を象徴している。

東ドイツがどのような歴史をたどったかは読者もご存じのとおりだが、仮にそれを予測していても、ゼーガースはやはり同じ道を選んだように思われる。淡々とした筆致ながら、著者の共感と愛情はワルトシュタイン先生、ローベルト、その弟子のトーマスと、過去から未来につながる労働者社会の建設者に強く注がれていることが端々に感じられるからである。

ハワード・ファースト
『スパルタクス』
上・下、村木淳訳（三一新書）、三一書房、一九六〇年

カーク・ダグラス、ローレンス・オリヴィエ、ジーン・シモンズら豪華キャスト陣に、監督が若

き日のスタンリー・キューブリック、そして赤狩りでハリウッドを追われたダルトン・トランボが脚本という、驚くべきビッグネームが並び立つ映画『スパルタカス』（配給：ユニバーサル・ピクチャーズ、一九六〇年）の原作小説で、原著は一九五一年刊。さぞや映画のヒットとともに本も売れたことだろうと思ったが、どうもそうではないらしく、案外と入手に苦労させられた。ハワード・メルヴィン・ファースト（Howard Melvin Fast、一九一四―二〇〇三）がアカデミックな研究対象となる文学者ではなく、歴史大衆小説作家とみなされていたことと、出版時期が三一新書の刊行点数が減少に転じたころに当たったことが理由ではないだろうか。

トラキア出身のスパルタクスはバティアトゥスが経営するカプアの養成所の剣奴（剣闘士奴隷）であった。そこにローマの若者カイウスとブラクスが訪れ、大金を積んで敗者が死ぬまでの剣奴同士の試合を見物しようとする。しかしスパルタクスと戦うことになった黒人のドラバはあえて戦いを拒否し、持っていた槍で見物しているローマ貴族を殺そうとして果たせず惨殺される。この事件をきっかけに剣奴たちは、知恵、勇気および人格に秀でたスパルタクスをリーダーとして、収奪によって蓄えた膨大な富を背景に命をおもちゃにし、贅沢、怠惰と頽廃にふけるローマ人を打倒し、自由と平等の社会を建設するために立ち上がる。農業奴隷や家内奴隷たちを仲間に加えて軍勢を拡大し、五度にわたってローマ軍を打破して奪った武器で武装した反乱軍は、四年にわたりイタリア半島を震撼させる。しかし富豪のクラッスス率いる大軍の前についに敗北し、スパルタクスは戦死、六千人の敗残兵はアッピア街道沿いに磔刑になった。スパルタクスの妻ワリニアはクラッススに幽閉されていたが、政敵グラックスに救出され、自由を得てアルプス近くのガリアに逃れていく。

ストーリーは映画版と随所で微妙に異なり、全体として登場人物の人間関係、特にスパルタクスとクラッススの行きがかりを濃厚にする方向に手が加えられている。映画では剣奴の真剣試合を所望したのがクラッススになっていて、したがってスパルタクスとの面識がこのときにできていることになっている。映画ではドラバがスパルタクスと戦って勝ち、とどめを刺すというところで突然ローマ人に襲いかかる。この改変によって、スパルタクスの決断を支えた背景がいっそう劇的になっている。妻ワリニアは映画ではクラッススが購入してカプアから連れていかれそうになるところを、反乱を起こしたスパルタクスが救出する。のちに一大決戦で対峙することになる両者に、女をめぐる確執という背景が前々から存在するように描かれているのである。原作ではクラッススがワリニアの美しさを知って自分の手元に置こうと思うのはスパルタクスの死後である。さらに映画では、反乱軍壊滅後、生き残ったスパルタクスは磔刑にされ、死ぬ間際に自由になったワリニアと息子に再会するが、原作ではスパルタクス夫婦の今生の別れは最後の戦いの前で、ワリニアの出産前である。またスパルタクスの死体は戦乱で八つ裂きにされたとされていて、カプアの門の前で磔刑になったのはスパルタクスの片腕だったユダヤ人のダビデである。ワリニアを逃がす手伝いをするのは、映画ではバティアトゥス。いくら有力者グラックスの求

ハワード・ファースト『スパルタクス』上

めでも、悪人バティアトゥスがこの仕事を誠実におこなうとは考えにくく無理を感じるが、原作ではバティアトゥスは自分の家内奴隷によってすでに殺されていて、この仕事は没落ローマ市民のフラウィウスが担う。

映画版は本物のスペイン陸軍まで動員して撮影された戦闘シーンなど、迫力あるシーンの連続に三時間という長さも忘れてくぎ付けになるが、小説版にもできすぎたストーリーではない独特のよさがある。ちなみにファーストは共産党員だった。しかし本書は自由を求める奴隷たちの支配者への革命的反乱を正義として書いているとはいえ、左派的な政治色をそれほど感じさせることはない。にもかかわらず映画にはトランボも名を連ねたことで、公開前には「赤の小説をもとに赤が書いた脚本で映画化された」ものとして右派系愛国者団体からのボイコット・キャンペーンを受けたらしい。慣例を破ってあえて一般上映を観にいき好意的な批評を語ったというジョン・F・ケネディ大統領の偉さには、感銘を禁じえないものがある。なお、ブログ「橋本音源堂」にある「映画「スパルタカス」の時代」（[http://h-ongendo1964annex.cocolog-nifty.com/blog/files/the_times_of_movie_spartacus.pdf]［二〇二〇年十月十六日アクセス］）はこの映画にまつわる様々なエピソードをまとめていて、大変参考になった。謝して明記しておきたい。

クークリット・プラモイ
『赤い竹――タイの僧院の物語』
並河亮訳、時事通信社、一九五六年

時事通信社からも第一次新書ブームの折に新書シリーズが刊行され、途中からは時事新書という名称を用いるようになった。人文・社会科学の教養書や時事問題を扱ったものが多かったが、一九五六年創刊時の第一期・第二期刊行の二十点はすべて翻訳物だった。そのなかにはユニークなタイの現代文学作品である本書や、張愛玲『農民音楽隊』（並河亮訳、時事通信社、一九五六年）のように、ほかに類書がない貴重な海外文学作品も交じっていた。名高いイーディス・ウォートン『慕情――イーサン・フローム』（高村勝治訳、時事通信社、一九五六年）ものちに単行本で新訳は出たものの、今日まで文庫化されていない作品である。ほかにナザニエル・ホーソン『予言の肖像画』（荒正人訳、時事通信社出版局、一九五六年）やウィリアム・フォークナー『兵士の貰った報酬』（西崎一郎訳、時事通信社、一九五六年）も含まれていたが、後者は抄訳である。

さてクークリット・プラモイ（正しくはプラモート、Kukrit Pramoj、一九一一―九五）はタイの政治家でもあり、一九七五年には社会行動党を率いて一年足らずの間だが首相を務めている。代表作

クークリット・プラモイ『赤い竹——タイの僧院の物語』

は『王朝四代記』（吉川敬子訳〔タイ叢書〕、井村文化事業社、一九八〇—八二年）で、この大作に本書と『幾多の生命』（レヌーカ・ムシカシントーン訳〔タイ叢書〕、井村文化事業社、一九八八・年）とを合わせて三部作とされている。

本書は一九五四年刊。その舞台は戦後タイの激しい社会変動、特に近隣諸国での社会主義勢力伸長に動揺する農村、赤竹村である。共産主義にかぶれたクワエンは、朋友の僧院長クラングや郡長チャームを封建的特権階級とみなして一方的に敵意を持つ。しかしクワエンの思想は付け焼き刃で地に足が着いていないため、彼と子分たちの社会正義を目指そうとする勇ましい行動は、いつも滑稽なものに終わる。幼なじみのクワエンの短絡的な暴走に、短気なところがあるクラングはときに怒りを爆発させるが、彼と会話する不思議なみ仏からのアドバイスを受けながら、僧侶らしく対処していく。

訳者がいみじくも書いているように、この設定は一九四八年に刊行された（英訳は一九五〇年、映画化は一九五二年）ジョヴァンニ・グァレスキの「ドン・カミロの小さな世界」（岡田真吉訳、『世界ユーモア文学全集』第七巻所収、筑摩書房、一九六一年）とうり二つである。こちらでは、頑固な司祭ドン・カミロと共産主義者の村長ペッポーネの敬意と友情に満ちたライバル関係を描いている。共産主義勢力の浸透という類似の社会情勢があったこともあり、おそらくプラモイは話題になったこのイタリアのユーモア小説を参考にしたと考えられるが、例えば仏の言葉が妙に人間くさいところなどは作者のオリジナリティーだろう。両方の作品の一読をお勧めしたい。

フェレンツ・モルナール『白鳥』
鈴木善太郎訳、春陽堂書店、一九五六年

グレース・ケリーとレーニエ大公の御成婚記念映画『白鳥』（監督：チャールズ・ヴィダー、制作・配給：MGM、一九五六年）が有名だが、原作戯曲はハンガリーのモルナール・フェレンツ（Molnár Ferenc、一八七八―一九五二）による一九二〇年の作品。大正期の鈴木善太郎訳を映画の公開に合わせて春陽堂が新仮名で再刊したが、叢書としての体裁は取っておらず、新書サイズの単行本になっている。

祖先が持っていた王位を失って久しいベアトリチェ未亡人は、娘のアレキサンドラを、オーストリア皇太子アルベルトに嫁がせることを悲願としている。好機が到来しアルベルトを客として屋敷に迎えたが、アレキサンドラに興味を示さない。そこでベアトリチェは一計を案じる。アレキサンドラや弟たちの家庭教師をしているアギを舞踏会に招待して、アレキサンドラと親密なところを見せつけ、アルベルトの嫉妬心をあおる作戦だ。しかし身分違いで押し殺していた恋心があおられた形になったアギが大胆に出ると、良心の呵責に耐えかねたアレキサンドラは計略の真相を教えてしまう。利用されただけと知って興奮したアギはベアトリチェやアルベルトに挑戦的に対峙し、初めて恋する男の激しさを目の当たりにしたアレキサンドラもアギに引かれていく。嫉妬したアルベルトに侮辱されたアギに、アレキサンドラは発作的にキスをしてしまう。翌朝、冷静さを取り戻したアギは自ら嫌われ者を演じて屋敷を去り、アルベルトとアレキサンドラは理解を深め合い結婚する道を選ぶ。

細部に違いこそあるが、映画は原作にかなり忠実に作られている。むしろ映画は原作で少し首をひねる箇所（例えばアルベルトがアギにキスをし、アギの一家への奉仕を全員でたたえる大詰めでの一連の箇所など）をそぎ落としていて、ストーリーがすっきりした印象だ。逆にアルベルトがベアトリチェの企みをすべて見抜いていたとする場面は原作にはないが、彼の油断がない性格を表現していてうまい改変だと思う。

原作でも映画でも、アレキサンドラを白鳥に例えるセリフが最後を飾る。陸に揚がればガチョウと違わないただの鳥となる白鳥は、常に湖のなかにいて岸に近づかず、飛ぶことも歌うこともなく、誇り顔で鷹揚に生きる。そのような生きざまがアレキサンドラの宿命である。一時の情熱に突き動かされて一族を捨てても、世間知らずで庶民のなかでは到底生きられないのだ。一時はアギと家を出る決心をしたアレキサンドラ自身も、その真実を直視せざるをえないので、意外な決着にも打ちのめされず立ち直りが早い。伯父の僧正ヒアチントが、「いつかこれでよかったと思う日が来る」

と語っている（これも映画だけで原作にはない）のは至言だろう。そのヒアチント（ヒヤシンス）役はブライアン・エイハーン。舞踏会の夜の混迷を収めた理解ある好人物を見事に演じている。アルベルト（アルバート）役のアレック・ギネスは容易に腹の底を周囲に見せないが、情報収集と判断力に秀でた皮肉屋の皇太子にぴったりはまっている。そして家庭教師アギはルイ・ジュールダン。ジェラール・フィリップを多少いかつく崩したような顔つきで、真顔なときの怖さが迫真だ。これら男性陣はいずれもいい味を出していると思うが、そのなかにあって、そもそもクールで無表情の役柄だからそれでいいのかもしれないが、アレキサンドラ姫のグレース・ケリーは美しい人形のようで、演技はあまり輝いていない気がする（ファンの人、ゴメンナサイ）。あと忘れていけないのが、叔母シンフォロザを演じたエステル・ウィンウッド。かなり高齢なはずだが、渋く個性的な存在感に感心させられた。なお未見だが、リリアン・ギッシュ主演の一九三〇年の映画化作品（監督：ポール・L・スタイン、配給：ユナイト映画社）もあるそうである。

　本書には中篇「町のおんな」が併録されている。男ばかりの鉱山集落に都会の美女が移り住んだことで、均衡していた人間関係が一気に崩れ去るさまを描いている。また春陽堂からは同じく鈴木訳のモルナール作品『回転木馬』も映画化に合わせて新書判で出ていた

フェレンツ・モルナール『白鳥』

（一九五六年）。表題作は岩波文庫や中公文庫からも出ていた『リリオム』（徳永康元訳、岩波書店、一九五一年、飯島正訳、中央公論社、一九七六年）と同じ戯曲だが、この本には中篇「ドナウの春は浅く」が収録されているのが貴重だ。

ラモン・センデール
『嵐のマドリード』
浜田滋郎訳（西和文庫）、西和書林、一九八四年

著者のラモン・ホセ・センデール（Ramon Jose Sender、一九〇一―八二）については、日本語だとあまり多くの情報がない。本書「あとがき」によれば、スペイン市民戦争に共和政府軍の軍人として参戦し、戦後はパリ、メキシコを経てアメリカに渡り、大学でスペイン文学を講じる傍ら創作活動をおこなって、晩年はしばしばノーベル賞の候補に推されたという。代表作としては、『現代スペイン情報ハンドブック』（坂東省次／碇順治／戸門一衛編訳、三修社、二〇〇四年、二〇〇七年改訂版）に、『ナンシーの博士論文』と『ある農夫のための鎮魂ミサ曲』があげられている。後者には本書と同じ訳者・版元による単行本（書名は『スペインのある農夫へのレクイエム』、ラモン・センデール、浜田滋郎訳〔西和リブロス〕、西和書林、一九八五年）がある。(1) 出生にも立ち会った村の若者パ

コをファシストに差し出さざるをえなかった司祭が、三十年後その弔いのミサを挙げる日に過去を苦渋の思いで回想する。「無力感に打ちひしがれる司祭の人間愛が、切々と伝わってくる小説」（前掲『現代スペイン情報ハンドブック』）であり、完成度が高く強く心打たれるものがある。

『嵐のマドリード』（原題は『王と女王』）はスペイン市民戦争を舞台とした作品である。著名なジョージ・オーウェル『カタロニア賛歌』、アーネスト・ヘミングウェイ『誰がために鐘は鳴る』、アンドレ・マルロー『希望』は国際旅団や義勇軍への参加など、政府軍側に身を置いた経験を背景に生まれていて、政府軍サイドの視点に立っている。外国人による敗者への挽歌ともいえなくもないこれらの作品に対して、亡命スペイン人の手になる本作品では、政治色は薄味で内戦は単なる背景として使われているが、突如攻め込んできて居座る政府軍はどちらかといえば敵役である。政府軍に乗っ取られて兵舎になった館の持ち主のアルランサ公爵夫人と、逃げそこなった彼女を塔にかくまって世話をする庭師ロムロとの、身分の差を代表とする埋めがたい溝を超えて、曲折しながら次第に距離が縮まっていく過程が描かれる。おそらく最大の読みどころはこうした事情からくる、繰り返される疑心暗鬼の心情描写だろう。男ではなく家畜程度にしかみなされていないから、平気で夫人は自分の前で裸身をさらしたのか？　夫人のもとに夜ごと

ラモン・センデール『嵐のマドリード』

訪ねてくる恋人は誰なのか？　夫人はその恋人による政府軍隊長殺害の罪を自分に着せるつもりなのか？　献身的に夫人に仕えながらも、これらの回答の模索に疲れ、一度は館を去って志願兵になったロムロだったが、最後は公爵夫人に裏切られたらそれも仕方がないと腹をくくる。ところが結末は意外なものだった……。それにしてもロムロはカッコいいセリフは一つも吐けないし、裸体を見て以来公爵夫人にひたすら入れ込んでしまい、非常時だからものにできるかもと妄想するスケベ心丸出しなのは情けない。そこは許せるにしても、公爵を死に追いやっても平然として、自分の妻の死さえもろくすっぽ悲しめないのはいただけない。さえない曲者という主人公に全く共感できない人には、この小説はつまらないかもしれない。

名前こそ文庫だが、西和文庫は新書サイズであり、本書はその第一巻。第二巻として、ガルシア・パボン『雨の七日間――スペインの推理小説』（中平紀子／高井清仁訳〔西和文庫〕、西和書林、一九八四年）も続けて刊行された。これはラ・マンチャ地方を舞台とした推理小説である。第三巻として予定されていたアルゼンチンの作家マルコ・デネービの『秘密の儀式』は単行本（江上淳訳〔西和リブロス〕、西和書林、一九八五年）で刊行されたようだから、おそらく西和文庫は二冊出ただけだったと思われる。西和書林はマルティネス・エルネストが発行者となっていて、スペイン語圏の文学作品を翻訳紹介することに特化した出版社だったのだろう。内容を見るかぎり文庫（実際は新書）で古典的な作品を出して、単行本と区別したわけでもないようだし、二本立てにした理由はよくわからない。ただ西和文庫に関していえば、文字が小さいうえにページが固くて開きにくく、すでに文庫・新書の読みやすさに各社が配慮しはじめていた刊行時期を考えると、造本はかなり低水準である。また表紙にはカラーイラストが描かれているが、これもひどくやぼったい。本の中身には関係ないが、こうしたことが本の魅力をそいでいて残念なことである。

注

（1）『スペイン内戦と文学――亡命・検閲の試練に耐えて』（野々山真輝帆編訳、彩流社、一九八二年）にも野々山真輝帆訳を収録していて、こちらの邦題は「鎮魂ミサ――あるスペイン農夫のために」である。

パール・バック

『母』

深沢正策訳(「パール・バック選集」第一巻)、創芸社、一九五六年

『戦える使徒』

深沢正策訳(「パール・バック選集」第二巻)、創芸社、一九五六年

『東の風西の風』

深沢正策訳(「パール・バック選集」第三巻)、創芸社、一九五六年

『はじめの妻』

深沢正策訳(「パール・バック選集」第四巻)、創芸社、一九五六年

戦前から一九五五年ごろまでパール・バックは大変人気があった作家で、代表作の『大地』(一九三一年)だけでなく、多くの作品が様々な訳者によって種々の出版社から刊行された。第一書房、

三笠書房、ダヴィッド社などと並んで、創芸社もその一つである。同社は近代文庫という文庫を出していて、五三年にパール・バック選集を企画したが、『母の肖像』と『母』の二点を刊行したにとどまっている。仕切り直す形で始まった新書サイズのパール・バック選集だったが、当初全十五冊が予定されたものの、結局第四巻までしか刊行されなかった。これらすべての訳者は深沢正策であり、選集の企画に深く関与していたことがうかがわれる。

『母』は力強く生きる中国人女性を描いた名品である。遊びっ気が抜けない夫に家出され、姑と子供三人を養うことになった「母」。長男とともに畑で必死に働くが、娘が病で盲目になったことや、長男の嫁に長らく子供ができないことを、一時魔が差して犯した罪の報いと信じて苦しむ。最愛の次男が共産党の活動にくみして処刑されるという、さらなる運命の追い打ちに打ちひしがれるが、長男一家に孫が誕生したことを知らされて希望を持つ。いまでは失われたが、十年一日のように単調な日々を幾世代も繰り返してきた、中国の貧しい農村の骨太な日常の暮らしを生き生きと描き、おそらくは同じように生きて死んでいった無数の女性たちの艱難辛苦に満ちた人生へのすばらしい頌歌になっている。

『東の風西の風』はバックの処女作だそうだが、これも完成度が高い秀作である。伝統的なしきたりの下で厳格に育てられ、親が決めた結婚相手に嫁いだ桂蘭だったが、夫は西洋式の教育を受けた医師だった。絶対的価値があると教え込まれてきた纏足を否定されるなど、考え方の違いに当初は戸惑うが、次第に理解を深め夫婦の絆を確立していく。一方、桂蘭の兄は親の反対を押し切ってアメリカに留学し、白人の妻を伴って帰国したため、彼女を嫁として認めない父母と険悪になる。新旧世代間では価値観の違いは埋めようもなく、ついに兄は跡取りの地位を捨てることを選ぶ。妾が何人もいる富豪の屋敷で繰り広げられる暗闘。男尊女卑社会の驚くべき旧弊な風習。清末から民国期の、西洋文化との軋轢に動揺する地方有力者の姿を見事に写実的に伝えているが、これをアメリカ人が書いたことは驚異でしかない。

パール・バック『東の風西の風』

これら二作に比べると、中国での伝道師として生涯を送った作者自身の父をモデルにした『戦える使徒』は魅力がやや乏しい。小説としてのストーリー展開よりも、粗っぽい宗教的信念に基づく、上から目線の宣教事業の問題点や限界を、評伝を通じて示そうとする思想的な意図が勝っているように感じられるからである。なおどうでもいいことかもしれないが、「労仂」や「金戔」といった文字使いには相当の違和感が残った。『はじめの妻』は短篇集。一部作品は第4章で書いたように、『天使・新しい道』（パール・バック、高野フミ／石井貞修訳〔英米名作ライブラリー〕、英宝社、一九五七年）と重なるものである。

なお、創芸社は原久一郎訳でトルストイの『人生読本』や三大長篇を新書判で刊行することを計画していたことが、巻末の広告から知ることができる。ただ調べた範囲では、どうやらすべては出なかったようである。

シルヴィオ・ペッリコ『わが獄中記』

五十嵐仁訳（ユニヴァーサル文庫）、中央出版社、一九五七年

シルヴィオ・ペッリコ（Silvio Pellico、一七八九―一八五四）と『わが獄中記』については、山下武『書斎の憂愁』（日本古書通信社、二〇〇九年）に詳しい紹介があるので、あわせて読むことをお勧めしたい。これは若くしてすでに詩人・劇作家として著名だった著者が、一八二〇年代の秘密結社カルボナリ党による反オーストリアのイタリア統一運動に関与した罪で、十年もの間ミラノ、ヴェネツィア、ブルノの監獄に投獄された記録である。職務上の態度とは裏腹に、許された範囲で人情を見せる看守、医師、司祭らとの交流。同じ国事犯同士の、数少ない機会をとらえた相互の激励。牢屋の劣悪な環境と栄養不足からくる病との戦い。そして何より福音に深く帰依していくことを通じて、敵をも許す心情に至り、絶望的な運命も神の正義であるとして静かに向き合って受け入れるに至る、著者の魂の成長が中心となって語られている。訳者の貢献も大きいと思うが、読みやすい平明な文章に加え、獄中にありながら意外に豊富なエピソードもあり、本書がイタリア古典文学の一つに数えられているのも納得できる。なお巻末には「帰来雑感」と題して、赦免後に故郷の家族

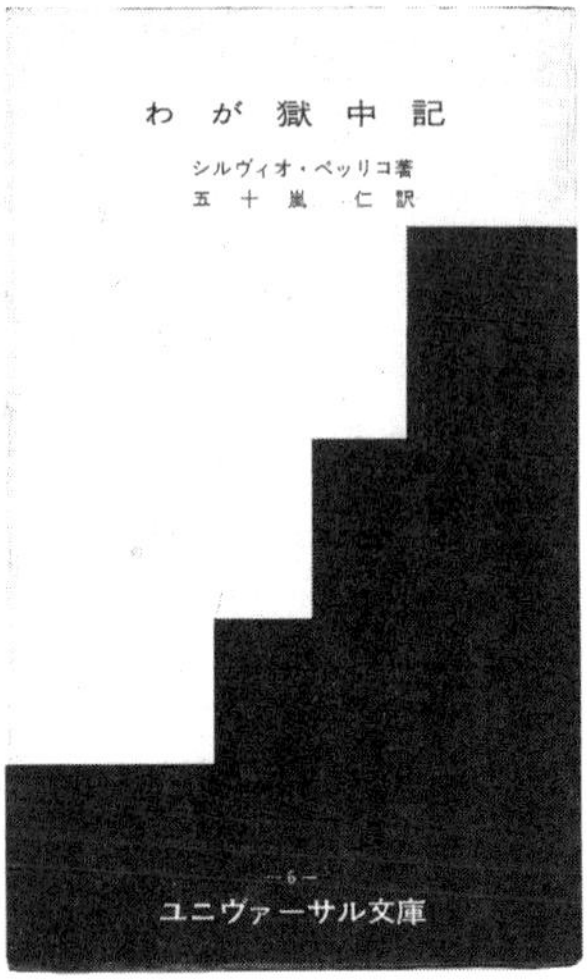

シルヴィオ・ペッリコ『わが獄中記』

のもとで獄中記を執筆することになった後日談を掲載している。そこでは十年の辛苦が著者の関心を政治運動から宗教へと転換させたことへの、一部社会からの厳しい反応に触れている。愛する家族を長年苦しめたことを考えれば、著者の転向を理解すべきではないか。また政治色を薄めた本にしたからこそ出版もできたし、それでも心ある人が読めば愛国心は行間随所に読み取れる。本書が「祖国の統一と独立への、大きな原動力となつていた」（「訳者あとがき」）ことからもそれは明らかである。

ユニヴァーサル文庫は中央出版社と聖パウロ女子修道会の共同企画による教養叢書で、本書（一九六七年三月第十刷）巻末目録では第五十八巻まで刊行していたことがわかる。書名からはカトリック関連の新旧基本文献を中心に幅広く集められていたことが推測できる。次項で紹介しているワイズマン『ファビオラ』以外にも、シェンキーヴィッチ『クオ・ヴァディス』（五十嵐仁訳、一九五八年。一冊本のためおそらく抄訳）や、ヴルウェー『ポンペイ最後の日』（渡辺秀訳、一九六二年。エドワード・ブルワー＝リットン卿の同名作品の半分ほどの抄訳で、ヴルウェーはブルワーのこと）など、キリスト教関連のフィクションも少ないながら入っている。また、二十世紀ドイツのカトリック作家G・V・ル・フォル（フォール）による宗教小説『断頭台の最後の女』（小林珍雄訳、一九五七年）、『ピラトの妻』（山村直資／吉田操訳、一九五八年）、『マグデブルグの婚宴』（山村直資／吉田操訳、一九五九年）が読めるのも貴重だ。G・K・チェスタートン『聖トマス・アクィナス――だまり牛』（中野記偉訳、一九六四年）のような異色の評伝もあり、もし入手できたら読んでみたいものである。

ワイズマン『ファビオラ』
森雅子訳、中央出版社、一九七三年

ウェストミンスター大司教ニコラス・パトリック・ステファン・ワイズマン枢機卿（Nicholas Patrick Stephen Wiseman、一八〇二―六五）による、三世紀末の古代ローマ、ディオクレティアヌスおよびマクシミアヌス（本書ではディオクレシウアン、マクシミアンと表記）皇帝共同統治時代のキリスト教徒迫害を背景にした歴史物語。邪教と中傷され迫害される初期キリスト教徒の痛ましい受難、迫る殉教を天国への道と受け止める強固な信仰心、悪党さえも改心させるに至る許しの教えと隣人愛。ついに四世紀初めのコンスタンティヌス（コンスタンティン）帝によるキリスト教公認の日を迎えるまでの信者の苦闘の日々を、多彩な人物を配して劇的に描いた、まさにもう一つの『ク

ワイズマン『ファビオラ』

オ・ヴァディス』である。

つつましく心優しいいとこの少女アグネスとは対照的に、裕福な貴族の娘のファビオラは気位が高く高慢である。あるとき奴隷のシラの発言に腹を立てて刀で腕を切りつけたが、指輪の一つでも与えればいいと平然としている。実はアグネス、シラ、そしてファビオラが尊敬する高潔な近衛隊長セヴァスティアンや、彼を慕う気高い魂の少年パンクラティウスは全員キリスト教徒だったが、ファビオラは世間の悪い噂に惑わされ、キリスト教を邪教と信じて疑わない。アグネスの財産を狙う悪党フルヴィウスや、パンクラティウスを目の敵とする知事の息子で乱暴者のコルヴィヌスらの謀略によって、折しも始まったキリスト教徒の迫害で彼らが次々に殉教していく。パンクラティウスはヒョウに噛み殺され、セヴァスティアンは弓矢の的となり、アグネスは斬首された。シラはファビオラを助けるために身を盾にしてフルヴィウスに剣で斬られる。死を前にしてもぶれない彼らの強い信仰心に驚愕したファビオラは、ついにキリスト教に開眼する。そして信仰の自由が認められる日がきた。シラが実は生き別れの妹ミリアムだったことを知ったフルヴィウスは改心してキリストに帰依し、コルヴィヌスは落ちぶれてみじめな死を遂げた。

「はしがき」によれば翻訳は一九三五年になされていて、確認できた範囲では四八年に中央出版社から単行本、五八年に同社のユニヴァーサル文庫、そして七三年に同じく新書サイズで本書を刊行している。判を改めるごとにどの程度改訂されているのかはわからないが、本書に関しては到底戦前の訳書とは思えない読みやすい日本語になっている。なお本作品は三度映画化されているが、アレッサンドロ・ブラゼッティ監督、ミシェル・モルガン、アンリ・ヴィダル主演のイタリア・フランス合作映画（一九四八年）が最も知られている。しかし原作では放蕩者のファビオラの父ファビウスが仁徳ある信者で奴隷解放をしたり、ファビオラに恋する闘技士ルアールが主役として登場したり、最後には虐殺阻止にコンスタンティヌス大帝軍がキリストの旗印のもとローマに乱入してきたりと、原作が持つ神聖な香気を感じさせない別物になっているので注意が必要である。

R・レイマン『ジプシーの児・冬の夢』

加納秀夫訳（英米短篇小説選集）、南雲堂、一九五七年

イギリスの作家ロザモンド・レイマン（レーマンと書くことが一般的。Rosamond Lehmann、一九〇一―九〇）は、初めての舞踏会という大人の現実世界に臨む感じやすい少女を描いた『ワルツへの招待』（一九三二年、邦訳は増田義郎訳〔角川文庫〕、角川書店、一九六七年）と、その続篇『恋するオ

R・レイマン『ジプシーの児・冬の夢』

リヴィア』（一九三六年、原題『街の天使』、邦訳は行方昭夫訳〔角川文庫〕、角川書店、一九七二年）でわが国では主に知られている。意識の流れの手法を用いているとはいえ、ジェームズ・ジョイスやヴァージニア・ウルフのように高踏的でも難解でもないため、読みやすい半面で純文学的な視点からはやや軽んじられているのだろうか、内外の英文学史の文献の多くに彼女の名前は見いだせない。

　本書はそんなレイマンの貴重な短篇集。表題の二作に加えて「赤い髪のデイントリ姉妹」を収録していて、これらすべては一九四六年刊行の著者唯一の短篇集から選ばれている。「ジプシーの児」と「赤い髪のデイントリ姉妹」は、作家自身の子供時代の実体験をベースとした作品。かなり裕福な上層中産階級の家に育った主人公と、貧乏人の子だくさんな隣人ワイアット家の子供たちとの交流を描いた前者では、単純にきれいごとで片付けられない、厳然とした階級格差がもたらす根深いわだかまりが子供心を閉ざし続け、最後はワイアット家の一家離散に至るまでのどうしようもなく重苦しくやりきれないエピソードの連続が、とつとつと描かれる。また後者ではイギリス南部のワイト島で夏のバカンスを楽しんだ主人公一家とデイントリ家の姉妹との交流が淡々と語られ、そこに大きな葛藤やドラマはない。意識の流れの手法を採用した「冬の夢」では、結婚して二児の母となった自らの病床での体験をもとにしている。ハチ取り職人に巣を壊されるミツバチや、やけどで瀕死のシジュウカラなどの気の毒な生き物の姿が、作者の精神的な深い疲労を象徴的に表す材料として巧みに使われている。

一読して盛り上がりに欠けてつまらないと感じる読者も少なくないと思われるし、結局は著者の心情を追体験できるかどうかで、これらの短篇はかなり好みが分かれるだろう。個人的には、作中のシーンが眼前に鮮明に浮かぶほどに、作品が描き込まれているところは素直にすばらしいと思う。特に「ジプシーの児」の舞台の地方の町、ワイアット家に通じる街路がリアルに感じられ、ひねくれてしまった少女クリジーが路傍から見つめる目つきが瞼に浮かんでやまない。

南雲堂は英語教材などに強い、いまでも健在の出版社だが、第一次新書ブームではライバルの英宝社の後塵を拝したようだ。英米作家の短篇集をシリーズ化して刊行する「英米短篇小説選集」という企画は、すでに一九五五年から刊行を開始して先行していた英宝社の「英米名作ライブラリー」の二番煎じでしかなく、内容的には学生の訳本としての需要がある程度見込めたはずだが、結局は本書のほかに次の三冊と合わせて計四冊を刊行しただけで撤退することになった。

T・カポート『夜の樹・ミリアム』斎藤数衛／河野一郎訳、一九五七年（「私のいい分」「銀の水差し」「最後のドアをとじろ」「無頭の鷹」併録）

E・M・フォースター『天国行き馬車・永遠の瞬間』大沢実訳、一九五七年（「垣のむこう」「別天地」「アンドルーズ氏」「人魚の話」併録）

F・S・フィッジェラルド『裕福な青年・壊れる』宮本陽吉／永川玲二訳、一九五八年（「メイ・

デェイ」「眠っては覚め」併録）

その後、南雲堂は判型をB6判にして一九六三年ごろから「双書・20世紀の珠玉」と題したシリーズを創刊し、英米短篇小説選集で刊行した書目の一部と、予告されていたが未刊に終わったタイトルも含めて、八〇年代半ばまでに二十冊あまりを刊行したようである。現在入手が容易な訳書があるほかの三点とは違って、本書は「双書・20世紀の珠玉」で復活する機会も与えられないまま、唯一無二のレイマンの短篇の翻訳として高い希少性を保ち続けている。

ルイーゼ・リンゼル
『初恋』
桜井和市訳、南江堂、一九五七年

ルイーゼ・リンザー
『百合――ルイーゼ・リンザー短篇集』
中野孝次訳、南江堂、一九六一年

現在は医学専門書でだけ知られる南江堂だが、一九六〇年前後に何点か現代ドイツ文学の翻訳書を新書で刊行していた。ルイーゼ・リンザー（Luise Rinser、一九一一―二〇〇二）はドイツの女流作家で、ロマンチック街道上の町ランツベルクの郊外にあるピッツリングの生まれ。心理学や教育学を修め、小学校の教職に就いていたが、一九三九年に短篇「百合」が出版社に認められ、翌年『波紋』を出版する。ナチス党員になることを拒んだために四四年、国防力破壊工作の罪で収容所送りになり死刑判決を受けるが、終戦によって一命をとりとめる。

『百合』には八編を収録しているが、表題作と「異国の少年」「森のフランチスカ」「エリンナとコルネーリア」の四編は、十二の自伝的な連作短篇集『波紋』から採られている。谷間の僧院で暮らす過度に繊細鋭敏な思春期の少女。周囲との違和感から落ち着ける居場所を持てず、混沌とした気分はときに粗暴残酷な振る舞いに及ぶ。過度の感情移入からくる幻想に押しつぶされるかのように、お祭りの行列で持つことになった百合の花を陵辱してちぎり捨てる。異なる文化的背景を持つアウトサイダーに引かれ、常識的価値観の無自覚な体現者テレーゼを呪い殺す挙にも出る。全寮制の学校で出会った無二の友人が、同性の先生への憧憬から嫉妬により自殺する原因も作ってしまう。少女を描きながらも、どの短篇からも不気味でどす黒く底知れない

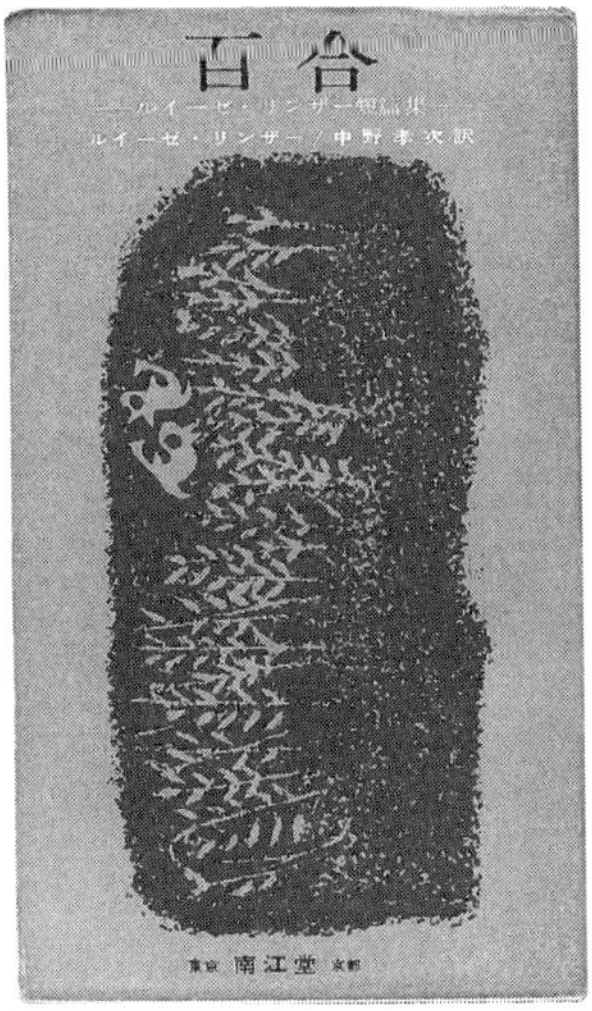

ルイーゼ・リンザー『百合――ルイーゼ・リンザー短篇集』

人の心の闇が感じられる。なお『波紋』には上田真而子による読みやすい完訳（岩波少年文庫、二〇〇〇年）があり、入手も容易である（内容的には岩波文庫のほうがふさわしいと思うが）。

そのほかの作品は戦後に書かれている。短いが秀逸な「赤毛の猫」は初級ドイツ語テキストで知った人もいるだろう。敗戦で一家が食料にも困るなか、ペットに収まった野良猫には太るほど餌を与える家族への不満から、ついに猫を殺す少年の屈折した心境を描く。動物愛護の大切さを教えてきた母だったが、ショックで寝込んだ息子の行為を知ったときに、「おまえの気もちはもうわかったからね、そのことはなんにもお考えでないよ」と心優しく声をかける。一瞥しただけでは傷ついた少年への母による救いと癒やしを描いた家族愛の小説に見える。だが、阿鼻叫喚そのものの血まみれの殺生を、「こうなってはどうしてもかたづけてしまわなくてはなりませんでした」とやり遂げる少年の姿は、ナチスと違うところは全くない。これを慰めと許しで片付けて終わるとしたら、ホロコーストへの何の反省もないではないか。「いまもって、ぼくには、あの赤毛のけものを殺したのは正しかったかどうか、わからないのです。もともと、あんな動物は、なんといってもたいして食べはしないのですから」。悪びれる様子もない少年の言葉を正しく読み取れば、あわや処刑という絶体絶命を体験した作者によるこの短篇が、ドイツ人の残虐性を救いようのない性癖と捉えて告発していることは自明である。「マルベルお婆さん」もすばらしい。戦後に国民が飢えるなか、死を待つだけの自分が食料を消費して生きる価値があるのかと自問自答する老婆の身を削る善意を、周囲が理解し受け止めないことからくる痛ましい悲劇を描いている。これらに比べるとほかの二編、老夫婦の周囲の理解を超えた愛情をテーマとした「或る老人の死」と、アメリカ軍属の自殺の真相を友人が物語る「ある不可解な事件」は凡作である。

『初恋』は表題作（原題「アンナ」）と「ワルシャワから来た男」の二編を収録。前者は、女学生のアンナが見習い修業中の青年カルルと出会ってから幻滅を募らせて決別するまでの一部始終を、精緻な心理描写と生硬な文章で再現した初期の短篇。画集掲載の美男ジャコモの肖像に首ったけのアンナにとっては、大人の世界に憧れて恋人を持つことに魅力を感じながらも、現実とのギャップが埋まらないのだ。後者は、戦時中農場にかくまったユダヤ人を母、義理の娘とその弟それぞれが愛するようになり、家族の微妙な均衡が崩壊していく姿をかなり持って回った表現で描く中篇である。

カール・ツクマイアー『青い潮――生と死を支配するもの』

桜井正寅訳、南江堂、一九五七年

年のせいか、収録作品が異なっているというわけでもないのに、同じ作品の翻訳本を買ってしまうことが何だか多くなった。カール・ツックマイアー（ツックマイヤーとも表記、Carl Zuckmayer、一八九六―一九七七）の本については、『絶版文庫四重奏』（田村道美／近藤健児／瀬戸洋一／中野光夫、青弓社、二〇〇一年）で『ある恋の物語　他四篇』（吉田六郎訳〔河出文庫〕、河出書房、一九五四年）

カール・ツクマイアー『青い潮――生と死を支配するもの』

を紹介したときに、同じ吉田訳で『生死を越えて　他二篇』（〔角川文庫〕、角川書店、一九五七年）も読んだことは覚えていた。しかし今回、南江堂の新書を調べていたら本書が引っかかり、安かったのでいつもならおこなう調査もせずに注文してしまったのである。さらに『生と死の支配者』（毛利孝一訳、金剛出版、一九八〇年）もついでに買ってしまったのだったが、なんとこれらはすべて同一作品だったのである。『青い潮』は「生死を越えて」（より原題に近いのは「生と死の支配者」である）の映画版の日本公開タイトル（監督：ヴィクトル・ヴィカス、出演：マリア・シェル／イヴァン・デニ／ヴィルヘルム・ボルヒエルト、配給：NCC、一九五五年）。ネットを少し検索すると、映画を宣伝する『青い潮』と大きく書かれた赤い帯付き角川文庫の書影が見つかった。いかんせん痛恨なことに、私が所有する角川文庫は裸本だったのである。

ストーリーは確かに映画的である。出産時の事故で子供が脳に障害を受け、有能だが冷淡な医師の夫ノーバートとの精神的な破局から、保養先で若い情熱的な医師レーモンとの恋に走る妻リュシール。乗り合わせた列車の車中でそれとは知らず二人の医師は医者の本質について語り合い、ノーバートは懐疑的な人生観から脱する。突然事故死したレーモンがリュシールと駆け落ちを計画していたことを知るが、ノーバートは希望をもって妻と生きていく道を選ぶ。

悔しいから三冊を並べて読むことで三者三様の価値が見えてきた。桜井訳（本書）は、残念ながら文章は生硬で意味が一読ではとりづらい箇所が少なくない。「彼の存在は彼女にとって――燃えるような、噴火するような情熱にかられた瞬間でも、彼女に自分の心をほんとにぶちまけることはなかった、彼と触れあうことを神のように鼓舞してくれる光とも感じていた彼女に。――それどころか、彼と近ずくことや彼の人間らしい理解をどんな時にでも期待していた彼女にとって、コンパスで測られた見取図のようにすきのない明晰な心と謎や混迷をいっさい受けつけないきちょうめんな生活と自制心のために、彼の存在が彼女にとっては――ますます謎めいた、ますます縁遠く、理解しがたい、近ずきがたいものとなったということは――彼がすすんで理解しようとしたり、また理解できる範囲外のことだった」（二九ページ）はその最たるものだが、これが吉田訳は「彼は燃えるような情熱、爆発的な情熱の瞬間でも、それを決してそのまま完全に披瀝《ひれき》しなかった。リュシルは夫との接触を、神のように目醒《めざ》ませてくれる光と感じていたが、夫が、もっと近よってくれることを願い、人間としての理解がさらに深まることを依然待ちのぞんでいた。見取図のように区切られた明晰を好み、謎も曇りも許さない生活規整と自己抑制を守るノーバートが、リュシルにとって、いよいよわからなくなり、いよいよ疎ましく近づきがたいものとなったといっても、それはノーバートのあずかり知らぬことで、また知ろうともしないところだった」（二三ページ）となっている。

いまの読者がどちらかを選ぶかということなら、吉田訳を採ることは明白だろう。ちなみに、もうひとつの毛利訳だが、その巻末で、本邦初訳と思い込んで訳出し、完成後に存在を知った桜井訳を参照できなかった旨を書いていて、吉田訳については触れていないので、少なくとも本の刊行まではその存在を知らなかったものと思われる。訳者は名古屋市在住の内科医で、ドイツ文学者ではないということだが、前記箇所を含め翻訳は明快である。

だが本書がほかの二冊よりも優れている点は、「あとがき」である。吉田訳「解説」はツックマイアーの人となりに焦点を当て、編年的に主要な執筆活動を紹介している半面で、収録されている作品への解説はごく乏しい。他方で桜井訳は、この作品だけに絞った詳細な論評が付されていて、さらに映画『青い潮』と原作の比較対照についてもきわめて丁寧にコメントしている。これは今日この古いオーストリア映画を鑑賞することが困難な状況を考えれば、きわめて貴重な資料であるといえるだろう。

うーん、こりゃあ失敗したと思っていたが、投資しただけの価値はあったようで、とりあえずよかったよかった。

イリア・エレンブルグ『たそがれ』
原子林二郎訳、20世紀社、一九五五年

イリア・グリゴーリエヴィチ・エレンブルグ(Ilya Grigoryevich Ehrenburg、一八九一―一九六七)

の全作品のなかでも、なぜか完全に忘れられているのがこの中篇小説（一九三三年）。訳者によると著者自らが編んだ五巻選集にも入れられておらず、本書の親本で『黄昏の巴里』（原子林二郎訳、ソヴェト文化社、一九四六年）があるにもかかわらず、日本語版「Wikipedia」［二〇二〇年七月三十日アクセス］の著作リストや翻訳リストにこの作品についての記載が全くない。ちなみに本書の原題は『モスクワは涙を信じない』という。映画好きならアカデミー外国語映画賞に輝いたウラジミール・メニショフ監督、ヴェーラ・アレントワ主演のソビエト映画（一九七九年）をすぐに思い起こすだろう。この言葉自体は「泣いたところで誰も助けてはくれないものだ」という意味を持つロシア語の格言だそうだ。本文中にも二度ほど効果的に使われている。

　これはもう一つの『北ホテル』（ウジェーヌ・ダビ作、一九二九年。岩田豊雄訳が角川文庫［一九五二年］・新潮文庫［一九五四年］に収録）である。パリの陋巷《ろうこう》のホテル（食事と清掃付きのアパートに近く長期滞在が普通）を舞台とした群像劇で、日々の生活にあえぐ庶民の哀歌である点で共通している。ただ『たそがれ』は、芸術派遺員として西欧諸国に住むことが多かったエレンブルグの作品らしく、舞台となったホテル・モンブランにはロシア革命で白軍にくみしたコザックのゴルベフ、同じくロシアから修業にきた画家メイ、スペインの政治犯ゴメス、愚にもつかな

イリア・エレンブルグ『たそがれ』

い思索を重ねるいやみなドイツ人クプファーなど、外国人がやたらと多く巣食っている。共産党工作員たちに指導された工員たちのデモ計画を警察に密告するスパイのビネがいるかと思えば、実直にホテル内で二十年以上写真店を営んできた戦傷者ブレタンの全蓄え金を盗む悪党もいる。登場人物のほぼ全員が世の中の厳しさに打ちのめされて貧困のどん底に陥り、ある者は絶望から自棄に至り、ある者は憎悪から心が歪んでいるのだ。

とりわけ哀しいのは女たちだ。シモーヌは同棲している才能のない詩人モンフレのために娼婦になるが、ろくろく感謝もされない。ホテルのオーナーのモンバルは守銭奴の老婆で、折しもの恐慌による株の暴落がショックで病に伏せるが、遊ぶ金がほしいニキビ面の放蕩息子ルイにその死を待望されて殺されそうになる。ロシアに帰ろうとする同棲相手のメイと別れて一人で生きる決心をするブレタンの娘アンヌマリーにも悲壮なものがある。そして何よりも、ゴルベフと別れてビネと住んでいたロシア女のエレーヌが気の毒だ。ビネの裏切りの発覚後に、スペインに逃亡するゴメスからの求愛をあえて退け、以後の人生を「さむざむとした魂を抱きながら」「機械的な生命をもたぬ人生」を過ごす選択をする場面は痛々しすぎる。「エレーヌが自殺しない理由は、それが努力を必要とするためだった」のだから。

国外に去ったメイやゴメスに栄光があるとは到底思えない。最後に火事で焼け落ちたホテル・モンブランに残っていた住民に至ってはなおさらで、焼死して人生を終えることができたエレーヌが幸せに見えるほどだ。本書が顧みられないのは、暗すぎて救いがない小説だからだろう。しかしここに見られる虚無的・退廃的な人生模様は時代を超えて存在し、古くさい自然主義と一蹴してすまされるものではない。「涙を信じない」。泣いたってどうにもならない。生活しなくてはいけないのだから。不屈な人生観をこれだけ悲惨な状況でも信じ伝えようとした著者に敬意を表したい。

小説『北ホテル』は、マルセル・カルネによる映画化（一九三八年）ではルネやエドモンなど特定の登場人物に焦点を当ててほかはバッサリと削り、ちょっと泣かせる大人の恋愛物語に還元して成功している。いささか唐突感があった部分を修正したうえで、ゴメスとエレーヌの悲恋を軸に本書が同様に映画化されていれば、もう一つの名作が生まれたかもしれず残念である。

ちなみに版元の20世紀社については何冊かが公共図書館の所蔵本検索に引っかかってくるが、どうやら本書をたまたま新書サイズで刊行しただけで、シリーズ化することはなかったようだ。なお、ユレンブルグの新書にはもう一点『ふらんすノート』（木村浩訳〔岩波新書〕、岩波書店、一九六二年）がある。

ディーノ・ブッツァーティ

『偉大なる幻影』

脇功／松谷健二訳（ハヤカワ・SF・シリーズ）、早川書房、一九六八年

はんの二十年前まではイタリア二十世紀文学の文庫といえばアルベルト・モラヴィアばかりだっ

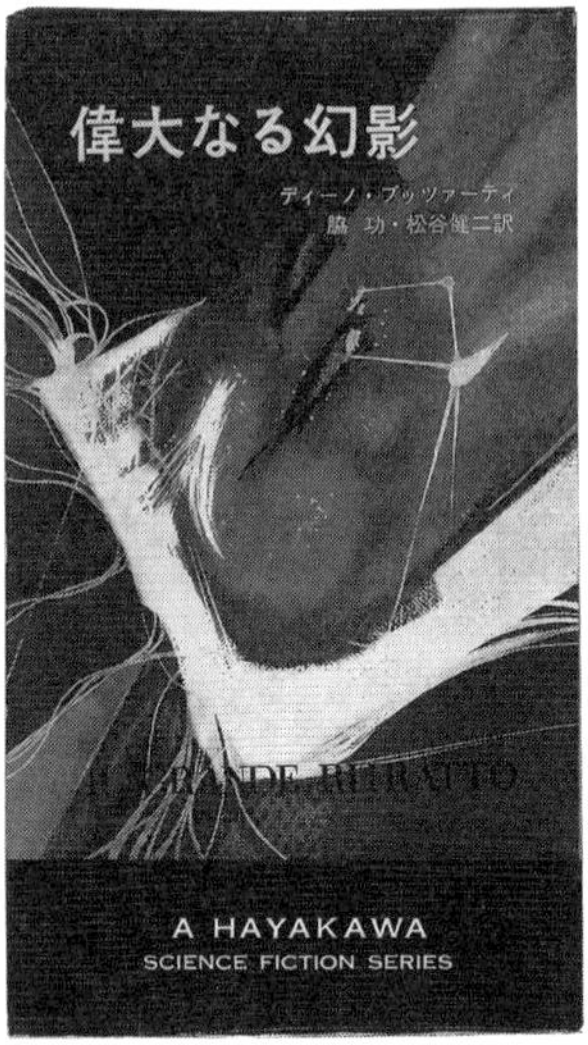

ディーノ・ブッツァーティ『偉大なる幻影』

たのが考えられないほどに、いまではチェーザレ・パヴェーゼ、イタロ・カルヴィーノ、ジャンニ・ロダーリらの作品が各社から何点も刊行され、エーリオ・ヴィットリーニやプーリモ・レーヴィさえも読めるようになった。ディーノ・ブッツァーティ・トラヴェルソ（Dino Buzzati-Traverso、一九〇六―七二）も、現在は岩波文庫や光文社古典新訳文庫で代表作が読めるが、最も早い紹介の一つが本書だった。表題作は死んだ妻の魂と個性のよみがえりとして創造された巨大な人造人間が自由意思を持つに至ったことから起こる悲劇を描いた中篇で、誰もその正体を知らない山上の研究所にたどり着くまでの不安と不条理な展開がカフカ風の前半が特にすばらしいが、これは『石の幻影』（大久保憲子訳、河出書房新社、一九九八年）の表題作と同じ作品である。ドイツ巨大戦艦が敗戦後に極秘に船出してパタゴニアに至り、地獄の船団と交戦して果てるまでを描く幻想的短篇「戦艦〝死《トード》〟」も、『神を見た犬』（関口英子訳〔光文社古典新訳文庫〕、光文社、二〇〇七年）に新訳がある。だが、残る一編の「スカラ座の恐怖」だけは、この本でなければ読めない。

左派武闘組織モルツィ会によるクーデターが実行されるという噂が広がり、その夜スカラ座に集ったブルジョアたちは襲撃されることを恐れて帰るに帰れなくなる。出所不詳の情報の交錯、勝手な推論で他人の不安をあおる男、敵方にも顔が利くらしいと頼られる夫人、自分たちだけは助かろうと分派を組織しようとする者たち、さらには自動拳銃の音が聞こえたと声高に叫ぶ者さえもいる……。正確な情報がないなかで疑心暗鬼がパニックを誘発し、醜いエゴがむき出しになる。そして恐怖の一夜がようやく明け、いつもの朝のように花売りや清掃人がスカラ座にやってきて、すべては幻想だったことが白日の下にさらされるのだった。

いくら巨大な恐怖であっても、それが現実に突き付けられるなら対応は考えられる。最もいやらしいのは、それが不確実なために、当面打つ戦略がなく、不安のまま待つしかないことである。名作『タタール人の砂漠』（一九四〇年）にも通じるこのカフカ風の短篇も、いかにもブッツァーティらしい佳作であり、この一作だけのためにも本書を手に取って読む価値はあると思う。

グレアム・グリーン『第三の男・落ちた偶像』

遠藤慎吾訳（ハヤカワ・ポケット・ブックス）、早川書房、一九五五年

作者ヘンリー・グレアム・グリーン（Henry Graham Greene、一九〇四―九一）とキャロル・リード監督の二人三脚で作られた映画の原作小説二作を収めたこの本は、映画『第三の男』（出演：ジ

グレアム・グリーン『第三の男・落ちた偶像』

ヨゼフ・コットン／アリダ・ヴァリ／オーソン・ウェルズ、配給：ロンドン・フィルム、一九四九年）が国内上映されて好評だったのを受け、親本刊行後わずか二年あまりで急遽、新書判でも出版されたものである。クラシック映画屈指の名作である『第三の男』については、この場で屋上屋を架すことは慎みたいが、原作はウィーン中央墓地でのラストシーンなど映画と異なったところもあり、より新しい小津次郎訳がハヤカワepi文庫（二〇〇一年）から出たので、そちらを読むことをお勧めしたい。他方で、「落ちた偶像」のほうは、新たに青木雄造訳が早川書房の「グレアム・グリーン選集」（第九巻、一九六〇年）や「グレアム・グリーン全集」（第十一巻、一九七九年）に収録されたものの、現在に至るまで文庫判や新書判で刊行されていないのは、ハヤカワepi文庫でのグリーン作品の百花繚乱ぶりからすれば、全く不思議なことである。

　映画『落ちた偶像』（出演：ラルフ・リチャードソン／ミシェル・モルガン、配給：東和、一九四八年）は、グリーンの短篇小説「地下室」を脚色して作られていて、小説の邦題は映画に合わせたものになっている。ロンドン・ベルグレーヴィアの大邸宅。留守がちな父母に代わって、召使頭のベーンス夫妻がフィリップ少年の世話をしている。威圧的なベーンス夫人を嫌うフィリップは、アフリカでの武勇談を語るベーンスを尊敬し友情を感じている。ベーンスと若い女性エンミイとの関係を疑ったベーンス夫人は策略によってその密会現場を押さえるが、ベーンスと揉み合いになったはずみで階上から玄関ホールへ転落死してしまう。それを目撃したフィリップはパジャマのまま外に逃げ出し、警官に保護されて帰宅すると、ベーンスの「間の抜けた表情をして」「犬みたいに黙って懇願する」姿に失望し、偽装されていた事故死を否定して警察に真相をほのめかす。

映画版での変更についてのグリーンの文章が巻末に添えてある。「われわれは一歩を進めて、相談した結果、ストーリイは全面的に変更され、主題は、覚えず知らず最愛の友を裏切つて警察の手に渡す子供の話ではなくなつた。そして、その代りに、友達が殺人犯人だと信じている子供が、友達を弁護しようとして嘘をついたために、まさに逮捕されようとするテーマを扱うことになつた」とあるように、映画版ではベーンス夫人は事故死に変更されている。これは作品の根底に関わる変更であり、「落ちた偶像」の意味合いも、作品から受ける印象も大きく異なったものになる。また、「二人の中のどちらが、原作のどの個所を変更したかは、もう殆ど覚えていない。僅かに覚えている部分をあげると、——例えば、ベーンスと一緒に使ったベッドの傍での、女の反対訊問の所は、私である。時計をまきにはいってきた男が、邪魔をする、機智にみちた個所は、リードである。蛇は私である（私は、いつも蛇が好きだ）が、暫くたつて、こいつは、リードの思いやりのある反対に出遭つた」と書いているように、様々なディテールの改変が両人による共同作業でなされたことを知ることができる。

映画を観た方はぜひこの本を手に取って、原作との違いを楽しまれることをお勧めしたい。簡潔な短篇をあれだけ豊かな長篇映画に仕立て直したリードの手腕に、読者はきっと感銘を受けることだろう。

ウォルター・スコット『ウェイヴァリー——あるいは60年前の物語』

上・中・下、佐藤猛郎訳（万葉新書）、万葉舎、二〇一一年

ロマン派詩人としてすでに名をなしていたウォルター・スコット（Walter Scott、一七七一—一八三二）が書き上げ、一八一四年に発表された最初の歴史小説。一七四五年に起きた、旧スチュアート王家復興をもくろむジャコバイトによるスコットランドの反乱を題材にしている。匿名で発表されながらも、当時大変な評判になったという。

イングランド出身の裕福な青年エドワード・ウェイヴァリーは、竜騎兵士としてスコットランドへ赴任する。休暇を取って伯父エヴェラードの友人のジャコバイト、ブラドワーディン男爵を訪ねていったエドワードはこの地に魅了される。さて主人公のはずのエドワードという男だが、善人かもしれないが信念のない男、一言でいえば単なるお金持ちのボンボンに思えてならない。反乱の中心的役割を担うハイランドの野心的で一刻な若き領主ファーガス・マッキーバーの妹フローラに惚れ込んだことも一因なのだが、政府軍に籍を置きながら反政府勢力が結集する地域にずぶずぶとはまり込んで、休暇を延長して長期滞在をすれば立場が悪くなるのは当然であるにもかかわらず、それさえ認識できていない軽率さだ。政府軍から追放になっても、のほほんとイングランドに単身で帰ろうとして、途中で疑われて捕らわれる羽目になる。情勢的に必然だと思うのだが、そのような危機管理さえ頭に浮かばない。ほかに行き場がなくなったことと、チャールズ・エドワード王子（若僭王）に謁見して舞い上がったことで反乱軍に身を投じる決断をし、ファーガスとは友情の絆で結ばれることになったが、これは当然、郷里の家族に迷惑がかかることになる。エヴェラードに恩義を感じるトールボット大佐は彼を救うために従軍し、戦闘の末に反乱軍の捕虜になるが、エドワードの尽力よって釈放される。やがて反乱軍は壊滅し、信念を貫いたファーガスは処刑されるが、今度はエドワードがトールボット大佐の尽力で赦免され、最後にはブラドワーディン男爵の娘ローズと幸福な結婚をする。エドワードがいくらファーガスらのために立派な弁護団を組織しても、敗走したハイランドの氏族たちの復興を援助しても、それらは所詮お金持ちの罪滅ぼしでしかない。死を前にしてなお「ジェームズ国王（若僭王の父）万歳！」と叫ぶファーガス、同じく全霊を傾けていたスチュアート王朝復興の挫折を前に俗世を捨てるフローラ、彼らとあれだけ

ウォルター・スコット『ウェイヴァリー——あるいは60年前の物語』上

間近に接していながら、どうしてこのように肝が据わらない生き方しかできないのだろうか。

この本はほとんど学校で習わない連合王国形成後のスコットランドの歴史を知る教材として第一級のものであることは疑いない。ストーリーも二転三転で波乱に富んでいて、美しく魅惑的なハイランド地方の独特な風土と文化の描写もすばらしい。翻訳も大変読みやすく、各章末に詳細な注があって歴史的事実の理解に大いに役立つ。何よりも邦訳がまだ出そろっていないスコットの歴史小説の待望久しい新訳を、あえて出してくれた訳者と万葉舎には感謝の気持ちしかない。それだけにエドワードがたとえ最初はヘタレぎみでも、成長して真の漢になるのだったらよかったのにと残念に思えてならないのである。

エーリヒ・ケストナー
『独裁者の学校』
吉田正己訳(みすず・ぶっくす)、みすず書房、一九五九年

児童文学『飛ぶ教室』(一九三三年)、『エーミールと探偵たち』(一九二九年)や『二人のロッテ』(一九四九年)で知られるエーリヒ・ケストナー(Erich Kästner、一八九九—一九七四)に、こんな戯曲があったとは。本書で展開する鋭利で妥協のない、徹底的な政治・社会風刺は、ワイマール

体制下のベルリンでの性的退廃を暴露した『ファービアン』（一九三一年）をも凌駕する猛烈な毒臭を放つ。構想二十年。ナチス政権下で焚書の目に遭いながらしぶとく生き延び、一九五六年についに世に出るまでの積もりに積もった怨恨の結実といえるだろう。

　独裁者のはずの大統領はすでに殺され、影武者の一人が代わりを務めている。陰で政治を動かしているのは首相、陸相、侍医、教授からなる悪党集団。大統領夫人も絡んでいる。失言をきっかけに三代目の影武者大統領を始末したので、次の大統領となる影武者を選ぶことになる。養成所には教授の科学力によって姿も声も本物に酷似させられた十数人の影武者がいたが、その一人「第七の男」はひそかに少佐や戦車師団とクーデターを企てていた。企みは成功したかに見えたが……。

「訳者あとがき」に「一般に独裁者は、自分が宗教の開祖か何かであるように、神聖不滅で「かけがえがないもの」と思いこみやすいが、一皮むくと、ふやそうと思えば何人でもふやせるし、へらそうと思えば一人残らず消してしまえるようなあやつり人形にほかならない。一口にいうと、独裁者などは養成のきくものであって、もし現実に実行したとすれば、この戯曲のように演技訓練所と気違い病院の組み合わされた施設でも作ることになろう。そこに集められる独裁者候補たちが個々の名前をもつ人格であることは無用どころか、むしろ有害であ

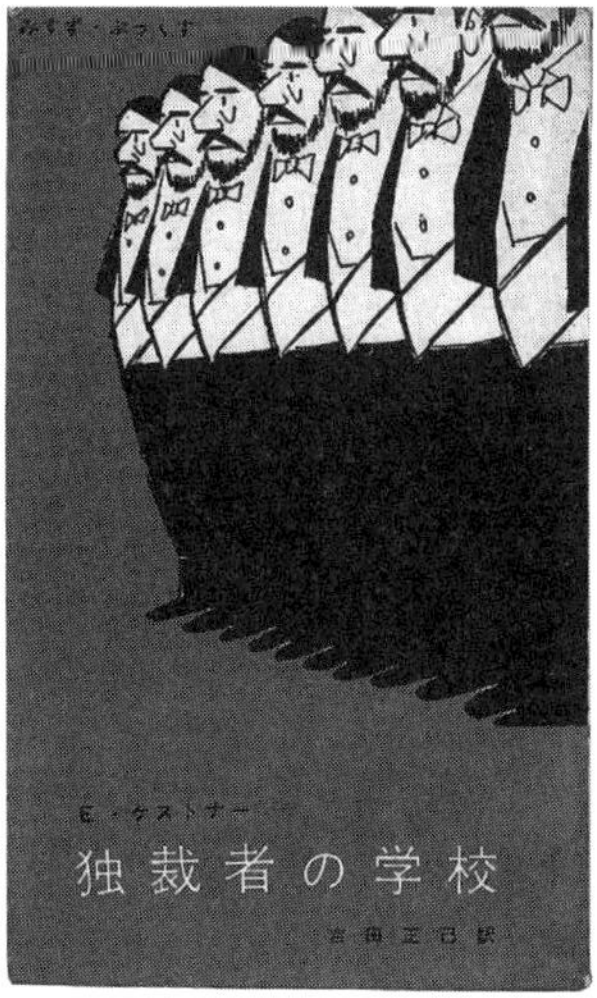

エーリヒ・ケストナー『独裁者の学校』

る。したがって、この戯画にあるように番号で呼ばれることに本質的な意味がある」と書いているように、ケストナーは独裁者の権威を張りぼての虎とみなしている。「あずまや」と呼ばれる娼館の女たちには自立した人物として立派な名前が与えられ、他方、候補者たちは準主役の男でさえ「第七」という番号だけの名なしで貫くところはなかなかに痛烈である。靴屋など候補者各人の前歴がその行動に思わず知らず出てしまう滑稽さからは、見かけ倒しを冷笑の対象としてコケにする姿勢が見て取れる。しかし「殺人に始って殺人に終る」この戯曲は、もちろんブラックな笑いだけではすまない。間抜けだが悪党たちは冷酷であり、悪が当然のような連中が裏で甘い汁を吸い続け、しかもヒューマニストが敗れ去り、悪党は打倒されないという結末には、背筋が寒くなる人も多いだろう。まさしく「恐怖を起させながら冗談をとばすという文学的曲芸」にほかならないケストナーの手腕には、驚嘆せざるをえない。

「みすず・ぶっくす」は三十冊あまりを刊行したようだが、フィクションはほとんどなく、本書のほかには第4章で紹介したハーバート・リード『グリーン・チャイルド』、そして映画シナリオにマルセル・カルネ『危険な曲り角』(岡田真吉訳、一九五九年)があるくらいである。硬いノンフィクションにいいものが多く、ネルー『父が子に語る世界歴史』が全六冊で収録され(大山聡訳、一九五九年)、ほかにもエーリッヒ・フロム『フロイトの使命』(佐治守夫訳、一九五九年)、W・ハイゼンベルク『現代物理学の思想』(河野伊三郎/富山小太郎訳、一九五九年)、ハーバート・リード『芸術の意味』(滝口修造訳、一九五九年)など魅力的なタイトルが並んでいる。

E・M・フォースター

『E・M・フォースター短編選集』

全三巻、藤村公輝／日夏隆訳（第一巻）、藤村公輝／塩谷直史訳（第二巻）、藤村公輝訳（第三巻）（レモン新書）、檸檬社、一九九三、一九九五、二〇〇〇年

異なる階級や価値観の者たち同士の摩擦や軋轢、そして理解し合うことの困難さを描いたエドワード・モーガン・フォースター（Edward Morgan Forster、一八七九―一九七〇）は、後半生に小説を一切書かなかったため、長命のわりに長篇小説はわずか六つあるだけなのは残念である。

著者生前に刊行された短篇集は『天国行きの乗合馬車』（一九一一年）と『永遠の瞬間 その他の短篇』（一九二八年）の二冊があり、それらを合本にした短篇全集は一九四七年に出た。本書には同書所収の十二編がすべて収められている。内訳だが、第一巻は「天国行きの馬車」「別天地」「永遠の瞬間」の三編、第二巻は「パニック」「コロノスからの道」「セイレーンの話」「牧師補の友人」「アンドルーズ氏」「協調（コーディネーション）」「垣根の向こう側」の七編、第三巻は「機械は止まる」「意味（わけ）」の二編を収録し、年表が付いている。「垣根の向こう側」のようなファンタジー、「機械は止まる」のようなSF、さらに狐につままれたようで意味がとりにくい「意味（わけ）」などを読めば、長篇のフォースターしか知らないと間違いなく面食らう。一部の有名作品を

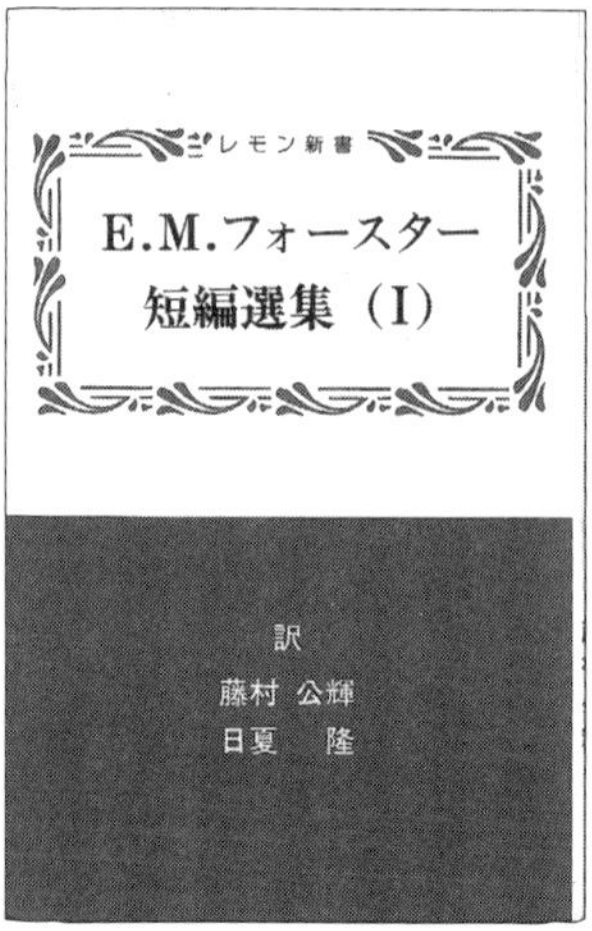

E・M・フォースター『E・M・フォースター短編選集』第1巻

除くと正直微妙な完成度のものもあり、彼の短篇小説は全長篇を読んだ次のステップの上級者向けアイテムなのだろう。

一読者として楽しめたのは、やはりオリジナル短篇集の表題作になった有名二作。「天国行きの馬車」（一九〇八年）も一種のファンタジーで、着想は奇抜で冒険小説のように始まるが、含意は口に苦いものがある。家の真向かいにある日の出と日没の一日二便の怪しげな停留所から、勇気をもって少年は乗合馬車に乗る。御者は博学で知られる十七世紀の医師サー・トーマス・ブラウン。馬車は天空を駆け、眼下にラインの乙女の歌が響くなか、雲の彼方の虹の橋を越えて天国の門に至り、俊足のアキレウスらと出会う。しかし家に帰っても天国訪問を誰にも信じてもらえない。少年の嘘を証明しようと付いてきた近隣の教養人ボンス氏との二度目の天国訪問では、ダンテが御者を務めていた。ボンス氏は恐れ多さに狼狽する。天国への旅を楽しむ少年とは裏腹に、ボンス氏は恐怖感が先立ち戻ることばかりを考え、ついには地上へ転落して死んでしまう。書かれてはいないが、帰りの切符はボンス氏が持っていたのだから、少年はそのまま永遠に天国での生活を楽しむことになる。「訳者あとがき」にあるように、「文学的素養を自認するボンス（Bons）氏［俗物（Snob）の逆綴り］に対して全く教養のない、しかし純真な少年が勝利をおさめ」「文学を愛しているつもりでいるボンス氏は、文学から愛されていない」というストーリーには、「文学的教養の形骸化が広がっていること」への痛烈な皮肉が込められている。気になったのは、あえて天国の住民として作者が選んだ人物に、実在した偉人だけでなく、トム・ジョーンズやディケンズの小説の作中人物も入っているところ。わざとリアルさを薄める効果を狙ったのだろうか。一読時には専門家の研究論文をあさって調べてみたいと思ったが、怠慢でまだ果たせていない。

「永遠の瞬間」（一九〇五年）は全編中最もノーマルな写実的作品。舞台は北イタリアの山峡の村ヴォルタ。青春時代の滞在経験を著した「永遠の瞬間」という作品のヒットで名士になったレイビー女史が、そこを中年になって再訪する。だがその村は本に触発された観光客の洪水ですっかり俗化していた。罪の意識を感じそれを口に出そうとするが、それは自分の気持ちを楽にしたいというエゴにすぎないことに愚かな彼女は気がつかない。また俗悪陋劣なホテルの番頭に出世している、レイビーに求愛したかつてのガイドの若者フェオにも会うが、当然ながら彼はそんなことは忘れ去っていた。感傷的で自己中心的な思い出に突き動かされ、息子の一人をよこせなどと正気の沙汰とは思えない一方的な要求をフェオに突き付けるレイビー。衆人の前で騒動を起こされ、面目失墜のレイビーの同行者レイランド大佐。愁嘆場での上流階級イギリス人の姿は滑稽なほど痛々しい。フォースター特有の理解し合えない人々、因習的な俗物への風刺というテーマがこの作品でも扱われていて、特に同年の『天使も踏むを恐れるところ』との類似共通した要素が見られると思う。

実はこの新書は刊行時期が新しいものの、入手はなかなかに困難である。発行は檸檬社だが、発売は近代文芸社。自費出版支援を標榜するこの版元の本は初刷が少ないのか、簡単に品切れになり、古書市場にも出にくい。さらにこの本は大学語学講義の訳本として使われたらしく、たまに出ても線引きがあるものが多く、古書市場ではツブシに回ったと思われる。ただしこの二編を含む代表的短篇だけなら、『天国行の乗合馬車・永遠の瞬間』（村上至孝／米田一彦訳〔英宝社ライブラリー〕、英宝社、一九五七年。併録は「生垣の裏っ側」「機械は停まる」「サイレンの話」「コロノスからの道」）でも読めるし、こちらはかなり版を重ねたためよく見かける。単行本でよければ全編が『天国行きの乗合馬車 短篇集I』（小池滋訳〔「E・M・フォースター著作集」第五巻〕、みすず書房、一九九六年）で読める。なお著者没後に、主として生前未発表作品を集めた『永遠の命』と題された短篇集が刊行された。こちらに収録の十三編（＋合作作品）は、『永遠の命 短篇集II』（北条文緒訳〔「E・M・フォースター著作集」第六巻〕、みすず書房、一九九五年）で読める。

[著者略歴]
近藤健児（こんどう けんじ）
1962年、愛知県生まれ
中京大学経済学部教授、専攻は国際経済学
著書に『絶版文庫交響楽』『クラシック CD 異稿・編曲のたのしみ』『辺境・周縁のクラシック音楽1――イベリア・ベネルクス篇』『辺境・周縁のクラシック音楽2――中・東欧篇』（いずれも青弓社）、『国際労働移動の経済学』『環境、貿易と国際労働移動』（ともに勁草書房）、『The Economics of International Immigration』(Springer)、共著に『絶版文庫三重奏』『絶版文庫四重奏』『絶版文庫嬉遊曲』『クラシックＣＤ異稿・編曲のよろこび』（いずれも青弓社）ほか多数

絶版新書交響楽《ぜっぱんしんしょこうきょうがく》　新書で世界の名作を読む

発行――2021年2月10日　第1刷
定価――1600円＋税
著者――近藤健児
発行者――矢野恵二
発行所――株式会社青弓社
〒162-0801 東京都新宿区山吹町337
電話 03-3268-0381（代）
http://www.seikyusha.co.jp
印刷所――三松堂
製本所――三松堂

ISBN978-4-7872-9258-2　C0095